四特 教育系列丛书 SITEJIAOYUXILIECONGSHU

话题性范文阅读指导

《"四特"教育系列丛书》编委会　编著

吉林出版集团股份有限公司

全国百佳图书出版单位

图书在版编目（CIP）数据

话题性范文阅读指导/《"四特"教育系列丛书》编委会编著 . —长春：吉林出版集团股份有限公司，2012.4
（"四特"教育系列丛书/庄文中等主编 . 学生阅读与作文方法指导）
ISBN 978-7-5463-8708-6

I. ①话… Ⅱ . ①四… Ⅲ . ①阅读课 – 中小学 – 教学参考资料 Ⅳ . ① G634.333

中国版本图书馆 CIP 数据核字（2012）第 044364 号

话题性范文阅读指导

HUATI XING FANWEN YUEDU ZHIDAO

出 版 人	吴 强	
责任编辑	朱子玉 杨 帆	
开 本	690mm×960mm 1/16	
字 数	250 千字	
印 张	13	
版 次	2012 年 4 月第 1 版	
印 次	2023 年 2 月第 3 次印刷	

出 版	吉林出版集团股份有限公司
发 行	吉林音像出版社有限责任公司
地 址	长春市南关区福祉大路 5788 号
电 话	0431-81629667
印 刷	三河市燕春印务有限公司

ISBN 978-7-5463-8708-6　　　　　定价：39.80 元

前　言

　　学校教育是人一生中所受教育最重要的组成部分，个人在学校里接受计划性的指导，系统地学习文化知识、社会规范、道德准则和价值观念。学校教育从某种意义上讲，决定着个人社会化的水平和性质，是个体社会化的重要基地。知识经济时代要求社会尊师重教，学校教育越来越受重视，在社会中起到举足轻重的作用。

　　"四特教育系列丛书"以"特定对象、特别对待、特殊方法、特例分析"为宗旨，立足学校教育与管理，理论结合实践，集多位教育界专家、学者，以及一线校长、教师的教育成果与经验于一体，围绕困扰学校、领导、教师、学生的教育难题，集思广益，多方借鉴，力求全面彻底解决。

　　本辑为"四特教育系列丛书"之《学生阅读与作文方法指导》。

　　阅读能力被著名教育家苏霍姆林斯基称之为"学习技能的五把刀子"之一，它不仅是语文学习能力的主要构成因素，也是训练学生表达能力的重要途径，还是一切智力活动的基础。因此，有效阅读一直就是语文教学的核心，要提高语文能力，提升语文素养，必须加强有效阅读。

　　作文是人们交流思想和社会交际的重要工具。生活在现实社会里，无论你从事什么行业，都离不开写作，写作是人类生活的基本工具，是每一个社会成员搞好各项工作必须具备的一种素质。本书从肖像、语言、行动、心理、场面、景物、静态、状物、抒情和话题等方面，为广大青少年提供了实际指导和范文阅读，使大家不仅可以学到作文的知识，还能感受到好词、好句、好段中所蕴含的优美意境，能够受到精神的陶冶。

　　本辑共 20 分册，具体内容如下：

　　1.《肖像描写阅读指导》

　　肖像描写即描绘人物的面貌特征，它包括人物的身材、容貌、服饰、打扮、表情、仪态、风度、习惯性特点等。肖像描写的目的是以"形"传"神"，刻画人物的性格特征，反映人物的内心世界。"描"是描绘，"写"是摹写。描写就是用生动形象的语言，把人物或景物的状态具体地描绘出来。这是一般记叙文和文学写作常用的表达方法。本书针对学生如何高效阅读肖像描写类文章进行了系统而深入的分析和探讨，并给予了切实的指导，对中小学生颇有启发意义。

　　2.《语言描写阅读指导》

　　语言描写是塑造人物形象的重要手段。成功的语言描写总是鲜明地展示人物的性格，生动地表现人物的思想感情，深刻地反映人物的内心世界，使读者"如闻其声，如见其人"，获得深刻的印象。本书针对学生如何高效阅读语言描写类文章进行了系统而深入的分析和探讨，并给予了切实的指导，对中小学生颇有启发意义。

　　3.《行动描写阅读指导》

　　行动描写是刻画人物的手法之一，是塑造人物的主要手段。行动是人物思想性格的直接表现，因此人物的行动描写就要善于抓住人物具有特征性的动作，从而展示人物的精神面貌，反映人物的性格特征，塑造出个性鲜明的人物形象。本书针对学生如何高效阅读行动描写类文章进行了系统而深入的分析和探讨，并给予了切实的指导，对中小学生颇有启发意义。

4.《心理描写阅读指导》

心理描写是指在文章中，对人物在一定的环境中的心理状态、精神面貌和内心活动进行的描写，是作文中表现人物性格品质的一种方法。最常用的是描写人物的内心独白，写出人物的所思所想，让人物一无遮掩地吐露自己的心声，说出他的欢乐和悲伤、矛盾和愁郁、忧虑和希望，使读者透过人物外表，看到人物的内心世界。本书针对学生如何高效阅读心理描写类文章进行了系统而深入的分析和探讨，并给予了切实的指导，对中小学生颇有启发意义。

5.《场面描写阅读指导》

场面描写，就是对一个特定的时间与地点内许多人物活动的总体情况的描写。它往往是叙述、描写、抒情等表述方法的综合运用，是自然景色、社会环境、人物活动等描写对象的集中表现。场面描写要表现出一种特定的气氛，要综合运用记叙、描写、抒情、议论等表达手段，以及映衬、象征等多种手法，这样才能使场面变成一幅生动而充满感染力的图画。本书针对学生如何高效阅读场面描写类文章进行了系统而深入的分析和探讨，并给予了切实的指导，对中小学生颇有启发意义。

6.《景物描写阅读指导》

景物描写，是指对自然环境和社会环境中的风景、物体的描写。景物描写主要是为了显示人物活动的环境，使读者身临其境。本书针对学生如何高效阅读景物描写类文章进行了系统而深入的分析和探讨，并给予了切实的指导，对中小学生颇有启发意义。本书不仅提供了学生有效阅读的范文，还提供了相应的阅读把握方法等，具有很强的系统性、实用性、实践性和指导性。

7.《风俗描写阅读指导》

风俗习惯指个人或集体的传统风尚、礼节、习性，是特定社会文化区域内历代人们共同遵守的行为模式或规范。风俗是由于历史形成的，它对社会成员有着非常强烈的行为制约作用。风俗描写主要包括民族风俗、节日习俗、传统礼仪等。本书针对学生如何高效阅读风俗描写类文章进行了系统而深入的分析和探讨，并给予了切实的指导，对中小学生颇有启发意义。

8.《记叙文阅读指导》

阅读记叙文必须注意把握文章的基本要素，理清记叙的顺序及线索，准确理解记叙中的描写、议论和抒情。只有这样，才能从整体上全面把握记叙文的内容，理解作者的写作意图和文章所反映的中心思想。本书针对学生如何高效阅读记叙文进行了系统而深入的分析和探讨，并给予了切实的指导，对中小学生颇有启发意义。

9.《抒情散文阅读指导》

抒情散文主要是抒发作者对现实生活的感受、激情和意愿。抒情散文抒发的是怎样的感情，如何抒发，都与文章揭示的思想意义是否深广有极大的关系。本书针对学生如何高效阅读抒情散文进行了系统而深入的分析和探讨，并给予了切实的指导，对中小学生颇有启发意义。本书不仅提供了学生有效阅读的范文，还提供了相应的阅读把握方法等，具有很强的系统性、实用性、实践性和指导性。

10.《话题性范文阅读指导》

话题性文章一般与学生的生活实际联系得最紧密，学生应该有话可写。但由于话题比较宽泛，要出彩也不容易。写作的关键在于把话题进行转化，或化大为小，或化抽象为具体。本书针对学生如何高效阅读话题性文章进行了系统而深入的分析和探讨，并给予了切实的指导，对中小学生颇有启发意义。

11.《肖像写作指导》

肖像描写即描绘人物的面貌特征，它包括人物的身材、容貌、服饰、打扮、表情、仪态、风度、习惯性特点等。肖像描写的目的是以"形"传"神"，刻画人物的性格特征，反映人物的内心世界。"描"是描绘，"写"是摹写。描写就是用生动形象的语言，把人物或景物的状态具体地描绘出来。本书针对学生如何提高肖像描写类作文写作水平进行了系统而深入的分析和探讨，并给予了切实的指导，对中小学生颇有启发意义。

12.《语言写作指导》

语言描写是塑造人物形象的重要手段。成功的语言描写总是鲜明地展示人物的性格，生动地表现人物的思想感情，深刻地反映人物的内心世界，使读者"如闻其声，如见其人"，获得深刻的印象。本书针对学生如何提高语言描写类作文写作水平进行了系统而深入的分析和探讨，并给予了切实的指导，对中小学生颇有启发意义。

13.《行动写作指导》

行动描写是刻画人物的手法之一，是塑造人物的主要手段。行动是人物思想性格的直接表现，因此人物的行动描写就要善于抓住人物具有特征性的动作，从而展示人物的精神面貌，反映人物的性格特征，塑造出个性鲜明的人物形象。本书针对学生如何提高行动描写类作文写作水平进行了系统而深入的分析和探讨，并给予了切实的指导，对中小学生颇有启发意义。

14.《心理写作指导》

心理描写是指在文章中，对人物在一定的环境中的心理状态、精神面貌和内心活动进行的描写，是作文中表现人物性格品质的一种方法。最常用的是描写人物的内心独白，写出人物的所思所想，让人物一无遮掩地吐露自己的心声，说出他的欢乐和悲伤、矛盾和愁郁、忧虑和希望，使读者透过人物外表，看到人物的内心世界。本书针对学生如何提高心理描写类作文写作水平进行了系统而深入的分析和探讨，并给予了切实的指导，对中小学生颇有启发意义。

15.《场面写作指导》

场面描写，就是对一个特定的时间与地点内许多人物活动的总体情况的描写。它往往是叙述、描写、抒情等表述方法的综合运用，是自然景色、社会环境、人物活动等描写对象的集中表现。场面描写要表现出一种特定的气氛，要综合运用记叙、描写、抒情、议论等表达手段，以及映衬、象征等多种手法，这样才能使场面变成一幅生动而充满感染力的图画。本书针对学生如何提高场面描写类作文写作水平进行了系统而深入的分析和探讨，并给予了切实的指导，对中小学生颇有启发意义。

16.《景物写作指导》

景物描写，是指对自然环境和社会环境中的风景、物体的描写。景物描写主要是为了显示人物活动的环境，使读者身临其境。本书针对学生如何提高景物描写类作文写作水平进行了系统而深入的分析和探讨，并给予了切实的指导，对中小学生颇有启发意义。本书除了提供各种作文的写作方法外，还提供了大量的好词、好段、好句供广大学生写作时参考借鉴，因此具有很强的系统性、实用性、实践性和指导性。

17.《静态写作指导》

在写物的静态时，我们要尽量去发掘这一静物的动态。如果我们要状写这些不可能有动态的物，就要去发现他们的质感和有活力的部分。如果我们抓住这些来写，那些静静躺在盘子里、平平睡在盒子里的东西也会生出许多引人的魅力来。总之，我们写物的静态时，要尽量找些鲜活的因素来描上几笔，这几笔往往是最传神的。本书针对学生如何提高静态描写类作文写作水平进行了系统而深入的分析和探讨，并给予了切实的指导，对中小学生颇有启发意义。

18.《状物写作指导》

状物类作文，以"物"为描述的中心和文章的线索，或寓情于物，或托物言志，集知识性与趣味性于一体，表达文章的题旨。这是学生喜闻乐见的一种写作形式。因此，加强状物类作文的指导，既是学生的一种心理需求，也是新的课程标准的目标之一。本书针对学生如何提高状物类作文写作水平进行了系统而深入的分析和探讨，并给予了切实的指导，对中小学生颇有启发意义。

19.《抒情写作指导》

写抒情散文，重在"情"字。一篇文章要打动读者的感情，作者首先要自己动感情，把感情融注到字里行间。作家魏巍说过："写好一篇东西，能打动人心，就要把心捧给读者。"把心捧给读者，就是要吐真情、有真意，让情真意切的行文去感动读者。本书针对学生如何提高抒情散文写作水平进行了系统而深入的分析和探讨，并给予了切实的指导，对中小学生颇有启发意义。

20.《话题写作指导》

要想写好话题作文，除了审题、命题外，要注意选择自己最熟悉的事情，用自己真实的感情，选择自己应用得最拿手的文体。需要注意的是，话题作文也要注意体裁的确定，虽然作文的要求是自由选择文体，但是一旦选择了某种文体，就一定要体现这种文体的特点，切不可写成"四不像"的作文来。总之，话题作文的写作给了学生发挥自己写作优势的天地，只要选择自己最擅长的去写，就会取得不错的成绩。本书针对学生如何提高话题作文写作水平进行了系统而深入的分析和探讨，并给予了切实的指导，对中小学生颇有启发意义。

由于时间、经验的关系，本书在编写等方面，必定存在不足和错误之处，衷心希望各界读者、一线教师及教育界人士批评指正。

作者

目　录

第一章

话题作文写作指导

1. 什么叫话题写作

　　"话题"，就是指谈话的中心。以所给的话题为中心，并围绕这个中心内容而进行选材写出的文章就是"话题"作文。这类作文题表面上一般不含有观点，内容上不予限制，形式上往往也是体裁不限。

　　话题作文是一种用一段导引材料启发思考，激发想象力，用话题限定写作范围的作文题型。"话题"作文其实只是提供了一个话题，即规定了表达的中心内容，而不限制取材范围和表达方式的作文形式。以话题为内容的开放式命题与以往的命题作文相比较，它的好处是学生写作的空间更大，发挥的余地更大。

2．话题作文的特点

（1）相关性

话题作文必须与话题相关。一般情况下，对话题作文的要求是只规定话题的范围，而不限定作文的主旨。

（2）自由性

自由性是话题作文最大的特点。学生在题目、选材、文体、想象空间上有极大的自由性和自主性。具体表现为以下几点。

第一，题目自由。所给话题可以不作题目，学生可以自拟题目，但所拟之题最好能体现文体的特点。

第二，选材自由。只要是选择与话题相关的材料，都有效。

第三，文体自由。话题作文大都要求除诗歌外，学生可自由选择记叙文、说明文、议论文等文体。

第四，想象自由。话题作文在题目、选材、文体等方面赋予了学生广泛的自由度，也使学生有了更广阔的想象空间，但要注意想象深度。总之，话题作文缩小了对学生的限制，为学生提供了更多的选择余地和想象空间。学生可以在作文中最大限度地发扬自己的长处，写出自己的个性，体现出自己的创造力。

（3）形象性

"话题"式作文就是要让学生驰骋于形象思维的空间，表现学生丰富的联想与想象能力。"话题"式作文更有利于发挥形象思维，学生可以充分展示自己的想象空间，也可以任意展开联想的翅膀，"海阔凭鱼跃，天高任鸟飞。"

（4）审题

首先要审清话题的限制，确定什么能写、什么不能写；其次要审内涵，搞清话题的引申义；最后要审提示语，因为提示语是引出话题的材料。

3．话题和命题的区别

第一，话题作文提供一个写作范围，所供题目仅仅起提示内容指向的作用。而命题作文一般提供的是写作内容的中心，命题本身是话题的除外。

第二，话题作文要求所写内容与之相关即可，而命题作文一般要求紧扣标题。

第三，话题作文的写作范围一般来说远远大于某些命题作文。

第四，写话题作文时，学生可以自拟文题；而写命题作文时学生不能另命文题。

4. 学生写好话题作文的策略

(1) 大题小做

一般命题作文常常要求从日常生活的一事一景一物中选取题材，并努力使普通的题材具有深刻的意蕴，此所谓"小题大做"。自高考作文命题打破传统之后，话题作文便应运而生，而这个话题往往是个大话题，如"新世纪畅想""答案是丰富多彩的""诚信""心灵的抉择"等。这样的话题作文最紧要的是能不能"大题小做"，即抓住一点，写深写透，避免泛泛而谈。

①小时空，集中体现大话题

话题作文要做到"大题小做"，必须时间跨度小，空间转换少。著名的话剧《雷雨》将前后三十年间的恩恩怨怨集中在一天一夜这样短的时间内淋漓尽致地表现出来，从而产生了强烈的艺术效果。写作文也是如此。一旦选取了时空点，故事就有特定的时间和地点，就有可能窥一斑而见全豹，以典型事件集中反映大主题，从而成为佳作。高考优秀作文特别是满分作文都能很好地做到这一点。

②小角度，深刻反映大话题

话题作文要做到"大题小做"，还必须从小角度入手。这个角度还须是这个话题的一个"子目录"。例如，在写作"电脑"这个话题作文的时候，不宜只是大谈电脑的历史，也不宜面面俱到地谈论其利弊。可以对话题进行分析研究，找出其"子目录"，然后选择其中一点来写。从"利"的一面可写《电脑——人类的好帮手》，从"弊"的一面可写《电脑的烦恼》《电脑黑客》《经典网络爱情故事》等。这样无论是记叙文还是议论文，都会以角度小、分析深取胜。

③小场景，烘托大话题

话题作文要做到"大题小做"，也必须选择小场景。契诃夫创作的《变色龙》中选取了大街上的一个场景，将人物放在这个小场景中，让他自己表演，揭露其见风使舵的变色龙性格。在写话题作文时，有意识地以小场景来折射大题材非常重要，它可使写出的文章极其巧妙，从而以精巧打动阅卷者。

例如，"新世纪畅想"这一话题极其容易写大写空，而要写出真正有质量的文章，不妨"小做"。有一篇满分作文就选择了一个足球场为场景，以八大行星组成的队伍与其他宇宙星球队进行一场精彩的比赛，却因为前锋地球生病，未能发挥应有的水平而落败，从而反映了地球生态环境污染问题，真正做到了大题"小做"。

（2）蒙太奇手法

影视拍摄中有一种表现手法叫"蒙太奇手法"，即用许多镜头适当打破时空界线，将故事剪辑组合到一起，以使上下贯通，首尾完整。在作文写作中，我们也不妨借用一下蒙太奇手法，把多组不连贯的画面按一定的顺序组织排列在一起，共同表达一个主题，以此来促进人物性格的形成和故事情节的发展。

（3）话题讲究"出新"

考场作文是在紧张氛围下的急就之作，因此它区别与平日里的课堂作文，要想出新，就必须抓住或掌握一些考场写作"出新"的技巧。或以激情胜出，或以热点胜出，或以文采的流动而打动人，或以理性的深刻而引人注目……现笔者结合考场优秀作文，浅谈六种"出新"技巧，以期为广大学生提供一些帮助。

①以"激情"出新

如果说一篇文章平淡无味，那么势必人人都不喜欢；反之，则会人见人爱。因而，学生在写作时要注意展现青年人朝气蓬勃的精神，要把作文与自己的远大志向巧妙结合，用自己的情感去倾泻、去浇灌，用自己的志向去感召、去激励；在文章中尽力展现自己为理想而执着追求，为美好灿烂的明天而努力拼搏，为幸福与和平而奋不顾身……这些行为、这些举动，会激励人形成一种积极向上的心态，更会激发阅卷教师的情感，左右着阅卷教师给分的情绪。所以，学生必须把自己的全部激情灌注其中，尽可能地用激情来增加作文的吸引力。

②以"广博"出新

考场作文除了有饱满的激情，还可以广泛地涉猎文史典籍，从而显示出厚重的历史和文化积淀，让文章散发出历史文化的气息。因此，从文章内容上应超越一般考生的认知领域，展现出知识积累的广度和深度。要"见人所未见，发人所未发。"要充分调动自己知识的储备，恰当地运用典型事件，编织成主旨贯一而文化底蕴深厚的文章，从而以渊博的知识获得阅卷教师的好评。

③以"热点"出新

纷繁多变的当代生活是写作的源头活水。作为一名学生，应时刻关注与日常生活有关的热点问题，只有保持生活的热情，把握社会跳动的脉搏，紧跟时代的步伐，才能写出具有时代性的文章，才能写出呈现新鲜生活的文章。因此，学生在选材上要尽可能着眼当代热点，着眼当代新风，着眼当代改革，用热点问题去博得阅卷教师的青睐。

④以"玄机"出新

话题作文最大的特点就是开放性，内容的开放，形式的自由。这样自然有利于发挥学生的创新意识。古人云："文似看山不喜平"，今人也强调"做人要真，写文要曲"，这些都从不同角度告诉我们，写文章要引人入胜，要苦心设计，在内容上或巧设悬念、套中扣套，或逆向结尾、欲扬先抑。在形式上可写成议论文、抒情文，甚至写短剧、书信、公告、事务文书等。只有内容上张弛得法，形式上新颖恰当，自然会让阅卷教师叹服。

⑤以"理性"出新

凡名篇佳作，往往内容深刻，理性突出，因而学生的考场作文也应放眼未来，要善于把事物放在大背景下去看、去想，用世界的、长远的、人生的目光审视生命、人生、社会；要善于思辨，看到事物的多面性，用个性的眼光去审视世界；要善于冷静反思，打破常规格式，用个性的思考、独特的慧眼，去感悟世界。只有这样，写出的文章才能于形象中见哲理，于质朴中见深刻，于含蓄中蕴真义。

⑥以"文采"出新

古人云："言之无文，行而不远。"其中的"文"即"文采"。古人也云："义虽深，理虽当，词不工者不成文。"这些都告诉我们，好的文章自然离不开好的文采，因而学生在写作时除追求思想深刻、内涵丰富、意境深远外，还应注重文辞。好的文辞，读起来如饮香茗，余甘未尽；如食橄榄，余香无穷。学生在考场中若能准确、简洁地用词，能根据表达的需要选择灵活的句式和鲜活而独特的修辞，那么就会使自己的文章引人入胜。

5. 教师指导话题写作的策略

(1) 转变写作观念

话题作文比命题作文和命意作文带有更多的创造性，关键是对话题要有深刻的洞察力、敏锐的反应力、流畅的表达力。这就需要"深挖洞""广积粮"。

"深挖洞"即提高自己的思想认识水平，锻炼自己的思维能力。思想的获得需要用生命去体验，需要用阅读去滋养。"广积粮"即广泛地储备写作素材，培养深厚的文化底蕴。考察近年的高考满分作文，除了有独到的见解、独特的表达外，还有丰富的材料，阅卷的感觉好像品海味大餐、满汉全席。为此，例如：进行时事短评，引导学生关注现实，关注社会，把握时代的脉搏；开展辩论赛，锻炼学生的辩证分析能力；开办读书长廊，让学生饱读诗书。要多给学生提供思考的话题，如交友、奉献、宽容、机遇、磨难、风度、青春、自由、财富、竞争等，或师生共同搜寻话题，引导学生去捕捉、积累写作素材。

(2) 加强针对性训练和指导

①引导学生观察社会、关注时代，开启作文的源头活水

现在仍有一些学生进入高三之后，"两耳不闻窗外事，一心只读教辅书"。其实，国事、家事、窗外事已经事事入题，物质文明、精神文明、人口、环保、资源、网络……都应纳入自己的视野，应该真实、真切、真挚地关注感受和体验生活。有了生活的源头活水，才能写出文质兼美的文章，才能在众多的考生中脱颖而出。况且，近年的高考

鼓励创新，创新从何而来？创新从对生活的细心观察而来，从对生活的认真思考而来。

对此，章熊先生早就指出："作文的创新来源于观察、分析能力和求新意识。"因此，学生需多一分激情，关注时代；多一分理智，感悟生活。

②加强拟题方法的指导

标题是文章的"眼睛"，是文章内容和读者之间的第一个接触点，能够提供给读者了解文章内容的独特视角。因此，应加强拟题方法的指导。例如：作文训练中集中罗列作文选尤其是高考佳作的好标题，让学生自己领悟模仿；师生共同总结归纳各种文体的拟题方法，如公式式、联想式、论点式、论题式、论辩式、关系式、比喻式、借代式、引用式、拟人式、仿用式、回环式、呼告式、故事式、应用文式、对联式等。

③强化多角度立意

立意即确立写作意向，是表述自己的思想认识，是展示自己的情感意向。"意"是文章的灵魂，意胜则文胜。作文立意的四字诀为：准，切题不跑题；深，深刻不肤浅；稳，稳妥不走险；新，新颖不俗套。为此，要启动开放思维：多向思维、多角度思维、辐射思维、发散思维。引导学生多想，沿着话题的顺向、逆向、侧向进行发散思考；围绕话题进行类、因、果、法的揣摩；对于话题进行情理的联想。尽可能把应想到的角度都想到，以期寻求更多更新的角度，多中选稳，稳中选优，优中选深，深中选新。

④加强对联想、想象能力的挖掘

"想象力比知识更重要"，科学家的这句名言，对于作文更为适用。想象力丰富的考生面对话题"一而能多"，写起文章放得开，内容充实富于文采；想象力贫乏的考生，面对话题"一就是一"，写起文章文思枯竭、平淡无奇。因此，高三备考要加强学生联想、想象力的挖掘。例如，围绕话题"路"想到"一条充满舐犊之情的夜归路""爱心滋润我的求学路""充满温馨的家乡小路""羞愧与希望交织的复读之路""榜上无名的脚下之路"。由"迷路"阐发"人生需要指引"的道理，由"人生岔路"想到"人生岔路关键的仅有几步"，由"路的变化"展示"时代的发展"，由"再就业之路"表达"放下架子调整心态，再就业并不难"的道理，由"掌声响起来的成功"发表"汗水铺就"的感慨，由"平路、泥泞路、坎坷路"阐发"平路脚印浅，泥泞路脚印深"的人生感悟，由"一段上坡路"寄寓"走出人生的困境"，由"跌过脚的一段路"比喻"走出人生挫折"……引导学生围绕话题进行相同、相近、相关、类比、对比、因果等联想，进行思前想后的追想、虚拟性的设想、前因后果的推想。例如，由鲜花推想到种子，再推想到果实等。

(3) 练平常也要练非常

①努力做到思想内容深刻透彻

凡事往高处站一站，往深里想一想，带些哲理性和思辨性，行文力避第一思路。引导学生多思、多想、多疑，让学生的思维发散开来，将事物联系起来加以考察，由表及里、由浅及深、由近及远、由点及面、由实到虚、由大到小、由此及彼。

将话题向纵深挖掘，探索说理的内核。素材的选择要有一定的深度、广度和力度，多中选优、优中择深。古人戴师初曾说："凡作文发意，第一番来者，陈言也，扫去不用；第二番来者，正语也，停之不用；第三番来者，精意也，方可用之。"这种避开第一思路的做法可资借鉴。

②要追求生动形象有文采

生动形象有文采来自文化底蕴，来自知识，来自视野，来自善于联想，来自巧于借鉴，来自精选的材料，来自深刻的思考，来自句式的选择，来自修辞的运用。为此，要引导学生多品味精短诗文，把学生置于新奇、活泼、美妙、创新的语言环境之中，在精彩文、精彩段、精彩句的熏染及对其模仿借鉴学习中提高自己的语言功夫。

例如，从《散文诗》《杂文报》《散文选刊》《青年博览》等中选择精美篇章。引导学生将仿例造句练着用、用着练，引入文章写作。

> 1999年一位考生在作文开头写道："我羡慕李清照的婉约清丽，辛弃疾的豪放雄奇；我崇尚曹雪芹的博大精深，鲁迅的沉郁典雅；我喜欢赵树理的朴素自然，张一弓的淋漓尽致。"

起笔几句很精彩，其实他就是仿用了现成的句子。我们曾听过一节关于"人生关怀"的话题作文课，教师要求学生用练过的仿句写开头，不少作文文采斐然。例如下面几段文字：

> 关怀是飘扬在空中的小夜曲，使孤苦无依的人获得心灵的慰藉；关怀是照射在冬日里的暖阳，使饥寒交迫的人感到生活的温馨。

失去关怀的人生就像失去控制的船只，摇摇晃晃没有依托；失去关怀的人生就像断了线的风筝，飘飘摇摇不知归宿；失去关怀的人生就像漫漫长夜，昏昏暗暗没有光明。

同踏一方土，共顶一片天，我们能够感受到关怀的暖意在心底流淌。关怀是一种心灵的抚慰，是一种友谊的闪烁；关怀又是春风流动的一丝花讯，炎炎夏日的一片绿荫。

③要有"新"的意识

构思往"独"里想一想，想象奇特又合情理，夸张、渲染、虚拟、联想到位而不过头，反弹琵琶要自圆其说；材料要保持一定的"鲜"度，见解才能别具慧眼，才能给阅卷教师以新知，才能让在文山题海中遨游的阅卷教师兴奋起来；体式要注意嫁接、衍生、翻转、脱胎，显示"新"意。

创新离不开借鉴，古人强调"善偷"，那是立意的学习，体式的借鉴，语句的移用和模仿，是化而用之。"偷"后要推陈出新，显现自己的个性与真情，而不是照抄照搬。

6. 话题写作的拟题

(1) 拟题要到位

话题作文大多要求学生自拟题目，有的学生为了方便，直接将话题作为题目。其实，这是很不明智的做法，是万不得已才采取的下策。因为作为"话题"的词语，覆盖面极为广泛，轻易以这个词语作为作文题，无疑是给自己增加了下一步立意、选材、布局方面的难度。正确的做法如下：

首先，拟题前认真审读提示语，调动自己的个人阅历、生活积累和对生活的感悟，紧扣话题这个词语，深入思考。

其次，拟写的作文题目要符合话题内容，要尽量具体，角度要小，可以在凝练、含蓄、新奇、优美上下功夫，力求使命题过程成为一个对自己将要写的文章进行立意和选材方面的思索、辨析、筛选和凝聚的过程。

最后，所拟的题目要比较鲜明地体现出文体、立意、选材等尽可能多的信息，这不仅可以从多方面帮助自己写作，更可以让阅卷教师尽快理解自己的意图。

(2) 拟题有方法

拟题的方法多种多样，但有一个共同原则，那就是一定要紧扣材料与中心，主要有以下两种方法。

一种方法是给话题前面或后面加上若干个词语，对他进行修饰、限制或补充，把大题变小，恰到好处拟定出适合自己写作的文章题目。比如："掌声"这个话题，有学生拟定的是《珍贵的掌声》《难忘的掌声》《掌声催我上进》等;"呼唤"这个话题,有学生拟的题目是《爱的呼唤》《最后的呼唤》《呼唤自由》等。

另一种方法是标题中不出现话题,而是在作文内容中体现。比如,心愿这个话题,有的同学取的标题是《我想有个家》《中国梦》《团圆》《妈妈,请放开我》等题目,直接体现了主题,更加吸引人。

(3) 拟题讲文采

好的标题往往是既通俗易懂,又简洁流畅,读起来上口,听起来悦耳。讲究标题的文学色彩自然是达到这个效果的重要方法。可以运用修辞,如《心的沟通——爱的诗篇》(话题"沟通"),《生活中的那扇门》(话题"发现"),《拥抱大力神》(话题"把握"),生动隽永;可以巧用标点,如《诚信!诚信?》(话题"诚信"),《风筝的家》(话题"最需要"),饶有情趣;可以化用名句,如《人在异乡不为客》(话题"关爱"),《有钱难买幼时贫》(话题"财富"),耐人寻味。

7. 话题作文行文之前五定位

（1）立意定位

"意"是文章的统帅和灵魂。虽然一篇好文章常常是由多方面的因素决定的，但在实践中，一篇文章的立意，常常是关键之关键。所以，我们通过对话题的内容和要求分析、把握话题以后，就需要从同话题有关但角度比较小的范围内，拟定自己要写文章的立意。立意定了，文章就容易写得集中，重点突出，主线明了，就不会旁枝斜出，就不会无所不及，就不会东拉西扯，就不会不知所云。立意是第一步，只有走出了第一步，才能向更好的方向发展。

（2）文体定位

话题作文一般都会有一个"文体不限"的要求，学生写作的自由度就增大了。但不管自由度有多大，文体不限并不是不要文体，而是在学过的几种文体中选择一种。我们选择了一种文体，就必须遵守这种文体的写作规范。否则，好似一个人穿着中山装，却系着领带，不伦不类，作文自然得不到高分。

（3）题目定位

许多学生都会把话题当成题目，这样做难免会有一些不妥。话题一般只是给学生提供写作的范围或切入口，如果用话题作为题目，往往会使文章抽象、笼统。所以，学生写的每一篇作文都应该是话题的具体化。

在定位了写作的主题和大致的文体后，接下来要根据主题与作文要求拟一个合适的题目。所谓合适的，是指题目要切合话题，适应文体，扣住作文的中心。因为话题是写作范围，学生写作不能超出这个范围，而作文题目是写作时首先要考虑的。议论文的题目与记叙文的题目区别明显。题目要扣住中心，这是刚学写作文就提出的要求。当然作文题目要力求创新、注意文采，能够借用古诗、成语改写等多种方法使题目精彩独特。文章的题目，就如人的眼睛，往往能给人带来一种深刻的印象。

（4）开头定位

"好的开头是成功的一半"，此话不假。对于文章写作来说，好的开头有着十分重要的意义。尤其是高考作文，开头往往决定了整篇文章的大致走势，如果按着开头顺势而写，就会自然流畅。而开头的文字往往也是阅卷老师看得最认真的地方。开头用什么样的文句，文句的表达是否通顺流畅，对文章的成型和文章的展开是十分关键的。因此，必须十分重视作文的开头，在考场没有时间对全文打草稿的情况下，最起码开头要打好草稿，然后再整理到试卷上去。

作文开头方法很多，在此限于篇幅不能一一介绍，现推荐"开头歌"供大家参考："开头方法有五条，一条一条都有效。开门见山点题式，时间地点有分晓。渲染气氛描写式，写景开头定格调。抒情开头方法好，激发读者感情高。先叙结局悬念式，扣人心弦求根底。设问反问作开头，引人入胜添气氛。"

（5）结尾定位

如果把开头比作"爆竹"，那么结尾就是"撞钟"。古人说过："好的结尾，有如咀嚼干果，品尝香茗，令人回味再三。"因此，结尾也是不容忽视的。如果一篇主题鲜明、角度新颖的文章，读到最后，却被一个不妙的结尾扫了兴，岂不可惜。

结尾除了要服务于文章的内容和中心，还得受"开头"的制约，这样说来，结尾是比较难写的。现代文学大师师陀创作时就是先把结尾定位，然后再构想全文，这样的文章就首尾一贯、一气呵成，严谨而清晰。当然结尾的方法也很多，现推荐"结尾歌"以供参考："结尾也有好方法，每种方法都奇妙。自然结尾收束式，干脆利索废话少。总结结尾点题式，画龙点睛笔法妙。抒情议论做结局，突出中心让人明。结尾利用反问式，引人深思受启迪。"

8. 话题写作的注意事项

(1) 把握文体

话题作文往往不限文体，允许学生自由发挥。但是，不限文体并不等于不要文体。话题作文的"文体不限"其实是指不限于一种文体，让学生有选择文体的自由。

当学生选定了一种文体时，必须按照这种文体的特点来谋篇布局进行写作。例如，有的学生观察能力强，生活经验丰富，不妨将生活中精彩的片断撷取出来写成一篇生动感人的记叙文；有的学生想象丰富，擅长编写故事，不妨写写童话、寓言或科幻小说；有的学生逻辑思维能力强，擅长推理，不妨写成一篇理据充分的议论文；有的学生感情细腻丰富，不妨写成一篇优美抒情的散文。

(2) 缩小范围

话题作文只提供写作的话题，而没有中心、材料、结构、文体、语言等的限制，给了学生一个比较开放的构思空间，使学生能最大限度地发挥想象力和创造力。但是，如果不注意把握话题，缩小写作的切入口，就会出现"下笔千言，离题万里"的情况。因此，不管所给的话题多么宽泛，学生都要善于选择一个小小的切入口，如一件事、一个人、一样物品、一种感受、一点看法等，集中笔力加以突破，把自己所选择的话题角度写细、写深、写透，做到"以小见大"。

(3) 拟好题目

标题是文章的"眼睛"。俗话说："题好文一半。"话题作文允许学生自己拟题目，因此学生要努力提高拟题水平，力求所拟题目准确、凝练、含蓄、新奇，使阅卷教师眼前一亮。

（4）善于联想

话题作文是一种开放性的作文形式，要求学生冲破束缚，尽情地驰骋在想象的空间里，多方位地展开联想。比如话题"风"：可以联想到自然界的风，如微风、大风、狂风、飓风、龙卷风等；可以联想到社会风气，如拍马风、送礼风等；可以联想到一种像风一样的流行时尚，如金庸热等；还可以联想到假如自己是风，假如自己遇到风，等等。

（5）写出新意

话题作文既然是应试作文，就需要给阅卷教师一个好的感觉，这样才能得一个好的分数。因此，写出特色、写出新意是十分重要的。学生在写作时，要善于独辟蹊径，也就是要求学生在立意上要有独特的感悟，不人云亦云；选材上要有独到的眼光，不陈题旧话；构思上要独具匠心；语气上要有独到的魅力，不平铺直叙、泛泛而谈。

9. 话题写作的几大误区

(1) 错把"话题"当"文题"

近年来，考试作文命题中，话题作文占据很大的比例。话题作文为学生提供了作文的由头，学生可以据此自叙经历，表达各自不同的生活体验；抑或发表各自不同的观点见解；也可以虚构故事，进行想象和联想。话题作文既没限定文章的选材立意，也没规定文章的表达方式和体裁，从而为学生最大限度地施展写作才能，表现个性和努力创新提供了可能。

(2) "文体不限"就是"不要文体"

近年来，"文体不限"成了一个使用频率较高的作文用词。"文体不限"，形式上给了学生更大的写作空间。但是，文体不限，不等于文体不分；淡化文体，不等于不要文体。

(3) 一味"创新"误入"歧途"

何谓创新，最具有个性的，就是创新。但是，有的学生"创造"出了一种前所未有的新"文体"，或者写出了一篇前所未有的内容奇异的新文章，这只能是误入"歧途"。

(4) 强求"感人"作文失真

文贵真实。真实的情感和内容能引起读者的共鸣。作为话题作文在这方面的要求与一般作文有所区别：题目中一般都有"叙说真实故事"或"写出真情实感"之类的要求。

可以这样说，如果文章离开了生活的基石，没有真实这个品质，再美的笔调也是打动不了读者的，希望学生走出误区，写出真正的情感佳作来。

（5）字数越多越好

有不少学生误认为字数越多越好，写出的作文洋洋洒洒近千字或千余字，方格内盛不下，边幅上都写满了。其实，字数过多，会给人一种臃肿庞杂的感觉，也会影响作文的得分。

第二章

话题作文范文阅读

1. 最苦与最乐

◉ 梁启超

人生什么最苦呢？贫吗？不是。失意吗？不是。老吗？死吗？都不是。我说人生最苦的事，莫苦于身上背着一种未来的责任。人若能知足，虽贫不苦；若能安分（不多作分外希望），虽失意不苦；老、病、死乃人生难免的事，达观的人看得很平常，也不算什么苦。独是凡人生在世间一天，便有一天应该做的事，该做的事没有做完，便像是有几千斤重担子压在肩头，再苦是没有的了。为什么呢？因为受那良心责备之过，要逃躲也没处逃躲呀！

答应人办一件事没有办，欠了人的钱没有还，受了人的恩惠没有报答，得罪了人没有赔礼，就连这个人的面也几乎不敢见他。纵然不见他的面，睡里梦里都像有他的影子来缠着我。为什么呢？因为觉得对不住他呀！因为自己对于他的责任还没有解除呀！不独对于一个人如此，就是对于家庭、对于社会、对于国家，乃至对于自己，都是如此。凡属我受过他好处的人，我对他便有了责任。凡属我应该做的事，而且力量能够做得到的，我对这件事便有了责任。凡属我自己打主意要做一件事，便是现在的自己和将来的自己立了一种契约，便是自己对于自己加一层责任。有了这责任，那良心便时时刻刻监督在后头。这种苦痛却比不得普通的贫困老死，可以达观排解得来。所以我说人生没有苦痛便罢，若有苦痛，当然没有比这个更重的了。

翻过来，什么事最快乐呢？自然责任完了，算是人生第一件乐事。古语说得好："如释重负"。俗语亦说："心上一块石头落了地。"
人到这个时候，那种轻松愉快，真是不可以言语形容。责任越重大，
负责的日子乃越长，到责任完了时，海阔天空，心安理得，那快乐还
要加几倍哩！大抵天下事从苦中得来的乐才是真乐。人生须知道有负
责任的苦处，才能知道有尽责任的乐处。这种苦乐循环，便是这有活
力的人间一种趣味，却是不尽责任，受良心责备，这些苦都是自己找
来的。

2. 未有天才之前

◉ 鲁　迅

　　我自己觉得我的讲话不能使诸君有益或者有趣，因为我实在不知道什么事，但推托拖延得太长久了，所以终于不能不到这里来说几句。

　　我看现在许多人对于文艺界的要求的呼声之中，要求天才的产生可以算是很盛大的了，这显然可以反证两件事：一是中国现在没有一个天才，二是大家对于现在的艺术的厌薄。天才究竟有没有？也许有着罢，然而我们和别人都没有见。倘使据了见闻，就可以说没有；不但天才，还有天才得以生长的民众。

　　天才并不是自生自长在深林荒野里的怪物，是由可以使天才生长的民众产生、长育出来的，所以没有这种民众，就没有天才。有一回拿破仑过 Alps 山，说："我比 Alps 山还要高！"这何等英伟，然而不要忘记他后面跟着许多兵；倘没有兵，那只有被山那面的敌人捉住或者赶回，他的举动，言语，都离了英雄的界线，要归入疯子一类了。所以我想，在要求天才的产生之前，应该先要求可以使天才生长的民众——譬如想有乔木，想看好花，一定要有好土；没有土，便没有花木了，所以土实在较花木还重要。花木非有土不可，正同拿破仑非有好兵不可一样。

　　然而现在社会上的论调和趋势，一面固然要求天才，一面却要他灭亡，连预备的土也想扫尽。举出几样来说：

其一说是"整理国故"。自从新思潮来到中国以后，其实何尝有力，而一群老头子，还有少年，却已丧魂失魄的来讲国故了。他们说，"中国自有许多好东西，都不整理保存，倒去求新，正如放弃祖宗遗产一样不肖。"抬出祖宗来说法，那自然是极威严的，然而我总不信在旧马褂未曾洗净叠好之前，便不能做一件新马褂。就现状而言，做事本来还随各人的自便，老先生要整理国故，当然不妨去埋头在南窗下读死书。至于青年，却自有他们的活学问和新艺术，各干各事，也还没有大妨害的，但若拿了这面旗子来号召，那就是要中国永远与世界隔绝了。倘以为大家非此不可，那更是荒谬绝伦！我们和古董商人谈天，他自然总称赞他的古董如何好，然而他决不痛骂画家、农夫、工匠等类，说是忘记了祖宗，他实在比许多国学家聪明得远。

其一是"崇拜创作"。从表面上看来，似乎这和要求天才的步调很相合，其实不然，那精神中，很含有排斥外来思想，异域情调的分子，所以也就是可以使中国和世界潮流隔绝的。许多人对于托尔斯泰，屠格涅夫，陀思妥夫斯基的名字，已经厌听了，然而他们的著作，为什么译到中国来？眼光因在一国里，听谈彼得和约翰就生厌，定须张三李四才行，于是创作家出来了。从实说，好的也离不了刺取点外国作品的技术和神情，文笔或者漂亮，思想往往赶不上翻译品，甚者不宁加上些传统思想，使他适合于中国人的老脾气，而读者却已为他所牢笼，于是眼界便渐渐地狭小，几乎要缩进旧圈套里去。作者和读者互相为因果，排斥异流，抬上国粹，哪里会有天才产生？即使产生了，也是活不下去的。

这样的风气的民众是灰尘，不是泥土，在他这里长不出好花和乔木来！

还有一样是恶意的批评。大家的要求批评家的出现，也由来已久了，到目下就出了许多批评家。可惜他们之中很有不少是不平家，不象批评家，作品才到面前，便恨恨地磨墨立刻写出很高明的结论道："唉，幼稚得很。中国要天才！"到后来，连并非批评家也这样叫喊了，他是听来的。其实即使天才，在生下来的时候的第一声啼哭，也和平常的儿童的一样，决不会就是一首好诗。因为幼稚，当头加以戕贼，也可以萎死的。我亲见几个作者，都被他们骂得寒噤了。那些作者大约自然不是天才，然而我的希望是便是常人也留着。

恶意的批评家在嫩苗的地上驰马，那当然是十分快意的事。然而遭殃的是嫩苗——平常的苗和天才的苗。幼稚对于老成，有如孩子对于老人，决没有什么耻辱。作品也一样，起初幼稚，不算耻辱的。因为倘不遭了戕贼，他就会生长，成熟，老成；独有老衰和腐败，倒是无药可救的事！我以为幼稚的人，或者老大的人，如有幼稚的心，就说幼稚的话只为自己要说而说，说出之后，至多到印出之后，自己的事就完了，对于无论打着什么旗子的批评都可以置之不理的！

就是在座的诸君，料来也十之九愿有天才的产生罢。然而情形是这样，不便产生天才难，单是有培养天才的泥土也难。我想，天才大半是天赋的。独有这培养天才的泥土，似乎大家都可以做。做土的功效，比要求天才还切近。否则，纵有成千成百的天才，也因为没有泥土，不能发达，要像一碟子绿豆芽。

做土要扩大了精神，就有收纳新潮，脱离旧套，能够容纳，了解那将产生的天才；又要不怕做小事业，就是能创作的自然是创作，否则翻译，介绍，欣赏，读，看，消闲都可以。以文艺来消闲，说来似乎有些可笑，但究竟较胜于戕贼也。

泥土和天才比，当然是不足齿数的，然不是艰苦卓绝者，也怕不容易做；不过事在人为，比空等天赋的天才有把握。这一点，是泥

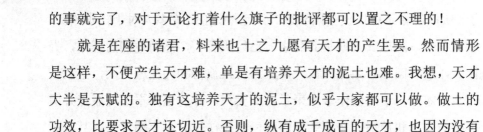

土的伟大的地方，也是反有大希望的地方。而且而也有报酬，譬如好花从泥土里出来，看的人固然欣然的赏鉴，泥土也可以欣然的赏鉴，正不必花卉自身，这才心旷神怡的——假如当作泥土也有灵魂的说。

3. 英雄造时势与时势造英雄

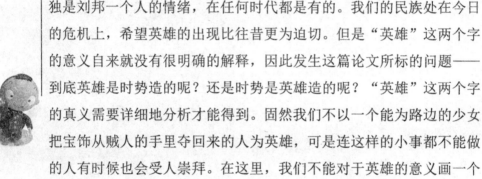

◉ 许地山

在危急存亡的关头容易教人想到英雄，所以因大风而思猛士不独是刘邦一个人的情绪，在任何时代都是有的。我们的民族处在今日的危机上，希望英雄的出现比往昔更为迫切。但是"英雄"这两个字的意义自来就没有很明确的解释，因此发生这篇论文所标的问题——到底英雄是时势造的呢？还是时势是英雄造的呢？"英雄"这两个字的真义需要详细地分析才能得到。固然我们不以一个能为路边的少女把宝饰从贼人的手里夺回来的人为英雄，可是连这样的小事都不能做的人有时候也会受人崇拜。在这里，我们不能对于英雄的意义画一个范围来。

古代的英雄在死后没有不受人间的俎豆，崇拜他们为神圣的。照礼记祭法的规定，有被崇拜的资格的不外是五种。第一是"法施于民"的，第二是"以死勤事"的，第三是"以劳定国"的，第四是"能御大灾"的，第五是"能捍大患"的。法施于民是件民有所能依着他所给的方法去发展生活，像后稷能殖百谷，后土能平九州，后世的人崇祀他们为圣人（所谓圣人实际上也是英雄的别名）。以死勤事是能够尽他的责任到死不放手，像舜死在苍梧之野，鲧死于洪水，也是后世所崇仰的圣人。以劳定国是能以劳力在国家危难的时候使它回复到安平的状态，像黄帝，禹汤的功业一样。御大灾、捍大患，是对于天灾人患能够用方法抵御，使人民得到平安。这些是我们的祖先崇拜英雄的标准。大体说起来，以死勤事，是含有消极性的；以劳定国，能御大灾，捍大患，也许能用自己的智能，他们是介在消极与积极中间的。唯有法施于民的才是真正的圣人，他必需具有超人的智能才成。

看来，我们可以有两种英雄：一是消极的。二是积极的。消极的英雄只是保持已成的现状，使人民过平安的日子，教他们不受天灾人患的伤害，能够在不得已的时候牺牲自己的一切。积极的英雄是能为人群发明或发见新事的新法度，使他们能在停滞的生活中得到进步，在痛苦的生活中减少痛苦，换一句话，就是他能改造世界和增进人间的幸福。今日一般人心目中的英雄多半是属于第二类，并且是属于第一类中很狭窄的一种，就是说，只有那为保护人民不惜生命的战士才被称为英雄。这种英雄不一定能造时势，甚或为时势所造。因为这类的英雄非先有一个时势排在他面前，不能显出他的本领，所以时势的分量比英雄底本身来得重些。反过来说，积极的英雄并不等到人间生活发生什么障碍，才把他制造出来。人们看不到的痛苦，他先看到；人们还没遇到困难，他先想象出来。他在人们安于现成生活的时候为他们创制新生活，使他们向上发展。也许时势造出来的英雄也能达到这个目的，但是可能性很小。

真英雄必定是造时势者，时势被他造得成与不成，于他的英雄本色并无妨碍，事的成败不足为英雄的准度。通常的见解每以为成功者便是英雄，那是不确的。成功或由于机会好。"河无大鱼，小虾称王"，在一个没有特出人才的时境，有小本领便可做大事。这也是时势所造的一种英雄。还有些是偶然的成功，作者本身也梦想不到他会有那么样的成就。他对于自己的事业并没有明了的认识，也没有把握，甚至本来是要保守，到头来却变成革命，因为一般的倾向所归，他也乐得随从。这也是时势所造的一种英雄。还有些是剥削或榨取他人的智力或体力来制造自己的势力和地位。他的成功与受崇敬完全站在欺骗和剥削的黑幕前面。有时自己做不够，还要自己的家人亲戚来帮他做，揽到国家大权，便任用私人，培植爪牙。可怜的是那浑浑沌沌的群众不会裁制他，并不是他真有英雄的本领。这也是时势所造的一种英雄。

我们细细地把历史读一遍，便觉得时势所造的英雄比造时势的英雄更多。这中间有一条很大的道理。我们姑且当造时势的英雄是人间所需求的真英雄，而这种英雄本是天生的。真英雄是超人，但假英雄或拟英雄也许是中人以下的"下人"（Underman）。所谓假英雄是指那班偶然得到意外的成功的投机家而言。所谓拟英雄是指那班被时势所驱遣，迫得去做轰轰烈烈的事业的苦干者而言。所谓下人是对于超人而言。他底智力与体质甚至不及中人。在世间，中人都很少，超人更谈不上，等到黄河清也不定等得到一个出现。人间最可怜悯的是下人太多，尤其是从下人中产生出来的英雄比较多。这类的英雄若是过多，就于国族有害。怎么讲呢？因为他们没有中人的智力而作超人的权威，自我的意识太重，每持着群众的生命财产智能是为他们的光荣和地位而有的态度。这样损多数人以利少数人的情形便是封建制度。英雄与封建制度本来有着密切的关系，但这里应当分别的是古代的封建英雄只是靠机缘。哪怕他是乳臭未除，只要家里有人掌权，他便是了不得的人物。哪怕他智能低劣，只要能够联络权要，他便是群众的领袖。他的方法是利用新闻和金钱来替他鼓吹，甚至神化一个过去的人物来做他的面具。一个人生时碌碌无奇，死后或者会被人当做"民族英雄"来崇拜，其原因多半在此。这类神化的民族英雄实际等于下劣民族的咒物。今日全世界人类的智力平均起来恐怕不及高等小学的程度，所以凡有高一点的知识而敢有所作为的都有做领袖或独裁者的可能。不过这并不是群众的福利。我们讲英雄的事业应当以全世界民众的福利为对象，损人利己固不足道，乃至用发展自己民族的口号去掠夺他民族的土地也不能算是英雄。今日世界时局的困难多半由于这类的英雄所造成。如果我们缩小范围来讲一下我们的英雄，我们也会觉得有许多是下人中所产出的。他们的要求是金钱与名誉。金钱可以使他们左右时势，若他们是造时势英雄，其原动力只是这样，并非智能。名誉使他们享受群众的信仰，欺骗到万古流芳的虚荣。他们的要求既是如此低下，无怪他们只会把持武力，操纵金融，结党营私，持权逐利，毁群众的福利来增益自己。他们只会享受和浪费，并无何等远虑，以善巧方便得到金钱名誉之后，便走到海外去做寓公，将后半生事业付与第二帮民贼。

我们讲到假英雄之多，便想到在人群中是否个个有做英雄的可能。现在人间还是在一个不平等的情况下过日子。不但是人所享受的不平等，最根本的是智力与体力的差异太甚。英雄是天生吗？不。英雄是依赖先天的遗传与后天的训练所造成的。英雄是有种的。我们应当从优生学的原理研求人种的改善，凡是智力不完，体质有亏的父母都不许他们传后代。反之，要鼓励身心健全的男女多从事于第二代民众的生育。这样，真英雄的体质与理智的基础先打稳固，造成英雄的可能性便多。否则生来生去只靠"碰彩"，于人间将来的改进是毫无把握的。第二步还要使社会重视生育，好种的男女一生下来当要特意看护他们，注意训练他们，使他们的身心得以均衡地发展。现在已有科学家注意到食物与本质性格与寿命的关系，可是最重要的还是选种，否则用科学方法来培养下人，延长他们的生命，使他们剥削群众的时间更长，那就不好了。

真英雄是不受时势所左右的。因为他是一个"形全于外，心全于中"

底人，他的主见真而正，他的毅力恒而坚。他能时时检察自己，看出自己的弱点，而谋所以改善的步骤。事业的成败不是他所计较的，唯有正义与向上是要紧的。今日我们所渴望底是这样的英雄。我们对于强敌的侵略，所希望的抗敌英雄也要属于这一类的人物。战争在假英雄的眼光里是赌博的一种，但在真英雄的心目中，这事是正义的保障。为正义而战，虽不胜也应当做，毫无可疑的。

最后，我们还是希望造时势的英雄出现，唯有他才能拯救民众于水火之中。等到人人的智力能够约束自己与发展自己，人间真正平等出现的时候，我们才不需要英雄。英雄本色是野蛮社会遗下的名目，在智能平均与普遍发展像蜂蚁的社会可以说个个都是英雄，因为其中没有一个不能自卫，没有一个不能为群众牺牲自己。所以我想个人达到身心健全，能利益群众的时代是全英雄时代，也是无英雄时代。

4. 什么是真平等

◎ 邹韬奋

——与民生有密切关系的民权主义之研究

民权里面包括平等；所以民权倘能发达，便争到了平等。平等既与民权有这样的密切关系，所以我们要研究什么是真平等。

欧美的革命学说，都主张平等是人类受之天赋的。照实际的情形讲，天地间所生的东西，总没有真能完全相同的；既然没有真能相同的东西，便不能说有什么天生的平等。不过因为人类专制发达以后，专制帝王往往假造天意，说他们所处的地位是天所授予的，人民不应反对他。变本加厉，生出"帝王公侯伯子男民"的不平等阶级，在特殊阶级的人过于暴虐无道，被压迫的人民困苦万状，所以发生革命风潮，革命学者便主张人类平等也是天所授予的，与帝王等特殊阶级的假托针锋相对，借以推倒他们。等到帝王推倒之后，人民还是相信这样说法。

其实人类天生就有"圣贤才智平庸愚劣"的区别，如硬把他们压做平等，是办不到的，而且还是不平的事情。这样说起来，到底是真平等呢？说到这一点，中山先生有几句很精警的话，他说："说到社会上的地位平等，是始初起点的地位平等；后来各人根据天赋的聪明才力，自己去造就。因为各人的聪明才力有天赋的不同，所以造就的结果当然不同。造就既是不同，自然不能有平等。像这样讲来，才是真正平等的道理。如果不管各人天赋的聪明才力，就是以后有造就高的地位也要把他们压下去，一律要平等，世界便没有进步，人类便要退化，所以我们讲民权平等，是要人民在政治上的地位平等，因为平等是人为的，不是天生的；人造的平等，只有做到政治上的平等——各人在政治上的立足点都是平等。"政治上的立足点既已平等，各人便当各尽其聪明才力，以服务为目的，而不以夺取为目的。"聪明才力愈大者，当尽其能力而服千万人之务，造千万人之福；聪明才力略小者，当尽其能力以服十百人之务，造十百人之福……至于全无聪明才力者，亦当尽一己之能力，以服一人之务，造一人之福。"

　　这样的做去，各人天生的聪明才力虽不平等，而各人的服务道德心发达，各就平等的出发点而尽量发展，以贡献于人群，也可算是平等了，这是真平等。

5.说肥瘦长短之类

◉ 郁达夫

人体的肥瘦长短，照中国历来的审美标准来看，似乎总是瘦长的比肥短的美些。从古形容美人，总以"长身玉立"的四字为老调。而"嫫母倭傀，善誉者不能掩其丑"，也是大家所熟知的典故。按常理来说，大约瘦者必长，肥者必矮；但人身不同，各如其面，肥瘦长短的组合配分，却不能像算术上组合法那么简单。所以同外国文中不规则动词的变化一样，瘦而短，肥且长的阴性阳性，美妇丑男，竟可以有，也竟可以变得非常普通。

若把肥瘦长短分开来说，则燕瘦环肥，各臻其美，尧长舜短，同是圣人。倘说唐明皇是懂得近世择美人鱼的心理的人，则不该赍送珍珠，慰她寂寥。倘说人长者必美，短者必丑，则尧之子何以不肖，而娥皇、女英又如何肯共嫁一人。

关于肥瘦，若将美的观点撇开，从道义人品来立论，则肥者可该倒霉了。眥食者不肥体，是管子的金言；子贡淫思七日，不寝不食，以至骨立，是圣门弟子的行为；饭颗山头逢杜甫，他老人家只为了忠君爱国，弄得骨瘦如柴；桓温之孽子桓元，重兼常儿，抱辄易人，终成了篡位的奸臣，被人杀戮；叔鱼之母，见了她儿子的鸢肩牛腹，叹曰：溪壑可盈，是不可餍也，必以贿死，遂勿视。凡此种种，都是说肥者坏，瘦者好的史实。而韩休为宰相，弄得唐玄宗不敢小有过差，只能勉强说一句"吾貌虽瘦，天下则肥"的硬好汉语来解嘲，尤其是有名的故事。

反过来从长短来说，中国历史里，似乎是特别以赞扬矮子的记录为多。第一，有名的大政治家矮的却占了不少，周公、伊尹，全是矮子，晏子长不满六尺，而身相齐国，名显诸侯。孟尝君乃眇小丈夫，淳于髡亦为人甚小。其他如能令公喜公怒的短主薄王珣，磨穿铁砚赋日出扶桑的半人桑维翰等，都系以矮而出名者，比起长大人来（当然也是很多），矮小人决不会有逊色。武人若伍子胥，若韩王信辈，都系长人，该没有矮子的分了，而专诸郭解，相传亦是矮人。

看了这些废话，大家怕要疑我在赞成瘦子矮子了，但鄙意却没有这样简单。对于美人，我当然也是个摩登的男子，"软玉温香抱满怀"，岂不是最快活也没有的事情？至于政治家呢，我觉得短小精悍的拿破仑，究竟要比自己瘦长因而卫兵也只想挑长大的普国弗列特克大王好得多。若鸟喙长颈的肾水之精（子华子），大口鸢肩的东方之士（淮南子）能否与大王弗列特克比肩，当然又是另一问题。

6. 洪水与猛兽

◎ 蔡元培

二千二百年前，中国有个哲学家孟轲，他说国家的历史常是"一乱一治"的。他说第一次大乱是四千二百年前的洪水，第二次大乱是三千年前的猛兽，后来说到他那时候的大乱，是杨朱、墨翟的学说。他又把自己的距杨、墨比较禹的抑洪水，周公的驱猛兽。所以崇奉他的人，就说杨、墨之害，甚于洪水猛兽。后来一些学者，要是攻击别种学说，总是袭用"甚于洪水猛兽"这句话。譬如唐、宋儒家，攻击佛、老，用他；清朝程朱派，攻击陆王派，也用他；现在旧派攻击新派，也用他。

我以为用洪水来比新思潮，很有几分相像。他的来势很勇猛，把旧日的习惯冲破了，总有一部分的人感受苦痛。仿佛水源太旺，旧有的河槽，不能容受他，就泛滥岸上，把田庐都扫荡了。对付洪水，要是如鲧的用湮法，便愈湮愈决，不可收拾。所以禹改用导法，这些水归了江河，不但无害，反有灌溉之利了。对付新思潮，也要舍湮法用导法，让他自由发展，定是有利无害的。孟氏称"禹之治水，行其所无事"，这正是旧派对付新派的好方法。

至于猛兽，恰好作军阀的写照。孟氏引公明仪的话："庖有肥肉，厩有肥马，民有饥色，野有饿莩，此率兽而食人也。"现在军阀的要人，都有几百万几千万的家产，奢侈的了不得，别种好好作工的人，穷的饿死；这不是率兽食人的样子么？现在天津、北京的军人，受了要人的指使，乱打爱国的青年，岂不明明是猛兽的派头么？

所以中国现在的状况，可算是洪水与猛兽竞争。要是有人能把猛兽驯服了，来帮同疏导洪水，那中国就立刻太平了。

7.劳心者和劳力者

◉ 庐　隐

孟子说道："劳力者役于人，劳心者役人"，这话很可以代表数千年来，劳力者和劳心者的阶级制度了。这阶级的相差度数，是有一与三四十倍之比，就是劳力者三四十点钟的劳动，只抵得劳心者一点钟的劳动。所以大学教授，每一点钟的代价是三元，或五元，而人力车的劳动者，只得到小洋一角，这是很普通的例子。所以劳力者虽尽他毕生的力量去劳动，也未必能得到温饱，因此社会上的罪恶，惨痛的事情，就一天多似一天了。这都是因为阶级制度的流弊，极不平等极不人道的表现！

劳心的人为什么能占世界上优胜的地位？他的原因，不外以下所列的几层了。

a.思想之能力，足以支配万物：劳心者的思想，是有"运筹帷幄，决策千里"的能力，所以可以很安逸的得到物质的依给，和支配一切的劳动者，和奴使一切的人类和牛马一样的！

b.思想家不易得，故世人多重视之：思想家实在是"难能可贵"的，所以才能在世界上占优胜的地位！

c.劳心者的贡献于人类，多过劳力者的贡献；按劳心者的某种贡献于社会，他的效力实在是有千万倍于劳力者，并且没有劳心者的"决策"，劳力者也无所用其劳力。就比如发明水蒸气的运用，然后劳力者才能用其劳力构造种种机械，不然这机械，也无从下手制造了。

这又是劳力者，不如劳心者势力的一点，劳心者所以占优胜位置的又一个原因。

以上三项的理由，诚足为劳心者之根据，而取得社会上优胜的地位，并且是劳力者没话可反抗的了，但我们试平心静气想想，这个根据恐怕不是很正当的呢，我们不妨逐层的研究一番，正当不正当就了若观火了！

第一层，我们先就劳心者的"运筹帷幄，决策千里"的一句话来说。劳心者固然有"运筹帷幄，决策千里"的思想，但他何以能表现出来，成功事实呢？就比如军师"决策定计"极为完密，但不"拨兵调将"就无以用其谋，而从命的兵和将是劳心的呢？还是劳力的呢？设若没兵和将的劳动者替他表现，他这个"运筹帷幄，决策千里"，只等于纸上谈兵，又有什么用处呢？由此看来，劳心者的思想能力，虽是以支配万物，而也因为万物能为所用，那么这个功劳就不独是思想家所应独占的呢！

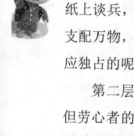

第二层，思想家固然不易得，因为人的天才不同，这是一个原因，但劳心者的际（机）会比较天才还要紧呢！劳心者，他所以能劳心，因为他得到劳心的际（机）会，而这个际（机）会起初是由一个出类拔萃的天才所独造的，没有什么不公平，而后来的劳心的人，未必都是天才，而劳力的人，也未必没有天才，不过因为际（机）会的关系，就是有天才，也不免要埋没了，那么这个劳心者，并不是不易得，而际（机）会不许他，如此劳心者的"难能可贵"，不成问题了！我们也用不着因为他"难能可贵"，特别尊重他了！

第三层，劳心者的贡献多过劳力者的贡献，这话确是不错，但是因为他贡献的大，所以要得到比较多的代价，这话似乎也不见得正当，因为劳心者，对于社会的物质是没有直接生产的贡献，并且他的销（消）

费要几十倍于劳力者，而劳力者对于社会物质的生产，有直接的贡献；那么劳心者，就是有比较大的贡献于社会，也是应当的，公道的，没有必得特别高的代价的道理。

我们应当知道，社会的组织，不是很简单而有很清楚的界限的，是相助为理的，所以无论是劳力者，或是劳心者，都不能单独的生活。劳心者离开劳力者，无以表现他的思想；劳力者离开劳心者，无所用其劳力。就比如劳心者发明了科学的原理，这功劳是很大的了！而铁路的成功，机械的构造，岂不是那千万数的劳力者，终年苦辛，滴滴血汗构成的吗？更推广说来，这全世界灿烂的物质文明，哪一件不是要费许多劳力者辛苦经营出来的呢？

再者，劳心者，所以有价值的原因，不仅是在他思想的本身，贵在能表现他的思想，使人类能得到他的宝惠，而获得比较安乐幸福，才算有价值。若果无实利于人类，这个思想无论是如何的高超，他的价值也是表现不出来的，纵说他没有价值，也未尝不可呢！而要表现出他的价值，决不是劳心者本身所能作到的，必有待于劳力者的。照这样看来，劳力者的价值和劳心者的价值，是一样，没有高低，是很明了的了！

但是数千年的"役人役于人"的阶级，又如何能打破呢？若在"役人役于人"的本身着手，是不能解决，因为这是不彻底的，"役人役于人"是果，其因则在社会不平等的工资制度，舍本而逐末，当然是无济于事的。必要从根本上着手，推翻一切不平等的制度，人人本着互助的天性，共同的精神，谋人类的幸福快乐，贡献的多寡，量力而为，总以得到快乐的人生，安宁的社会为目标的。人类的职分是如此，那么没有什么人可以自居于人类以外，而支配人类种种的报酬。而社会上物质精神的福利，是人类个各应享受的，个各可以任意取得他所应要的，以足用为限，没有"你的""我的"的分别，也没有你应当吃饭，我不当吃饭的正义。那少数劳心者的垄断，决不是人道所以为正当的，这是我们所当奋斗的努力的！

因为有少数劳心者的垄断，而生出种种阶级制度，流弊所及，不仅劳心者垄断而已，并且不劳力，不劳心，而得到比劳心、劳力的代价高出几十万倍的人，遍国都是；靠得法律上，"我的金钱"，残杀人类，奴使同胞，而一般可怜的劳力者，因为他的钱不是我的，就是劳苦一生，也只能得到最少数的代价，度他们的残喘。这种非人道的，不平等的制度，能使他"万岁千秋而不朽"吗？有头脑的同胞，大家澄心细想，我们对于这种制度应当持什么态度，大家想罢！仔细的想罢！

8. 文学与革命

◉ 庐　隐

（在爱国中学周会的讲演稿）

承贵校姜先生约庐隐到贵校讲演，因得与诸同学晤言一堂，不胜荣幸之至！唯庐隐事忙，不克有充分之搜罗，谨就平日管窥之见，为诸同学略述一二，不周不备，实所不免，尚希原谅！

今日所讲之题为"文学与革命"，二者骤视，截然两途，然细究之，实有种种之关系，兹分述如下：

文学之要素，有所谓思想（Thought），想象（Imagination），感情（Emotion），形式（Form），而感情且为每一篇作品之唯一冲动力，大有箭在弦上，不发不止之势，故曰文学之出发点，在感情之激冲。《诗序》所谓："情动于中而形于言，言之不足，故嗟叹之；嗟叹之不足，故咏歌之；咏歌之不足，不知手之舞之足之蹈之也。"

而革命事业，必具之条件，则有热烈的情感，牺牲的精神，视死如归的勇敢，以上诸点，皆不外高尚之情操为之左右耳。故无真情感之文学，如无灵魂之木偶；无感情之革命，如纸上谈兵，永不能见诸事实，必也。有热烈之感情，高尚之情操，始能作真正的革命家，或真正之文学家。

文学又为时代精神之反映，每一时代各有其代表之文学家。盖文学不能无背景，此背景必根据于时代思想及事实，为其思想之中轴，如西欧之莎士比亚（Shakspear），米尔顿（Milton）代表文艺复兴；但丁（Dantin）代表中代的统一思想；哥德（Goethe）代表启明时代（Enlightenment）。文学既是时代精神之反映，则对于某一时代之社会制度，人类生活，常予以批评，故曰："文学乃批评人生的，——此即文学对于思想上之反抗，而革命则为现实生活不满足而生的反动，——即积极的实际运动，而其对于一切之不满，实与文学同一意味。"

揆此则吾人可得一断案，即文学与革命实同立于一个相同的出发点也。今更进而论其因果关系：

文学作品往往可以启发一般人对于现实生活的不满，而发生革命的动机，如俄之屠格涅夫（Turgeniff），托尔斯泰（Tolstoy）因农奴制度之不满，而作《猎人日记》及《黑暗的势力》等，其后遂有农奴释放之运动。他如法之卢梭（Rousseau）之《民约论》，激起法国之革命。马志尼之《人的义务》（The Duties of Man）一书引起意大利之统一运动。但文学只限于思想上之反抗，和思想上对于一切不满之启发。如何能使其所反抗者，归于毁灭，而所理想者终于实现，是则有待于革命家之实际运动。故曰革命可以实现文学家伟大著作中之理想生活。

就上端所言，吾人知有许多文学作品，系对于生活不满足的思想上的反抗，革命是事实上的反抗，但实际运动恒在思想上之反抗有相当成熟性之后。盖文学之影响人类思想，为渐层的，犹如农人之届春播种，必须经过一定之时期，始能萌芽生叶然后开花结果。所谓相当之成熟性，至少须如已生枝叶之树木，如始下种，使思收成，此缘木求鱼徒受其害耳。

据此以推吾人复可得一真理：即革命乃有些文学的动的方面——因受文学影响之革命，盖思想上之反抗——文学的——则属于静的方面，而实际上的反抗——革命的——斯属于动的方面乃所以实现思想者也。

换言之即有些文学为表明革命的倾向，实际生活之压迫，同时不只一端，则革命又有全部的部分的之别，在部分革命的情形下则往往因文学所表明的倾向不同，革命家恒无形为文学家所左右。此不可免之事实也。

文学与革命既有如是之关系，则国家政治越紊乱，社会秩序越不安定，生活容易发生激变，皆足以酝酿伟大之文学家。盖文学无不以时代为背景，如四海升平，国家无事，社会生活平淡，此时代所出之文学作品率皆歌功颂德，点缀升平的或趋于享乐主义，其气奄奄，诚以生活平淡，感情之海极少波浪，自无如荼如火之热烈。作品产出，揆之春秋战国之时，诸子百家之学说屈原之《离骚》等勃然蛰兴，皆不外时势造英雄，即所谓"谋诈用而纵横短长之说起"。故曰文学可以促进世变，世变可以促进文学，此必然之结果也。

但本此而论中国今日之文坛，则不禁令人喟然长叹。中国今日之政治紊乱，达于极点。社会制度，人民道德无不在激变动摇之中，在可使吾人感觉不满意，理应有许多伟大之作家及真正之文学作品出现。然环观中国沉默有如阴森黑夜，不但无皎月朗照，即是光亦隐蔽无见，青年人只知发无谓之牢骚，作神秘之幻梦，不但无东方托尔斯泰产生，即降格而求西欧之第三等作家，亦绝无仅有，宁不令人慨乎言之。夫文学家乃人类之先驱者，苟有伟大之文学家，以热烈的情感，为百宝匙开辟个人深锁的思想之门，而予以正当之导引，中国历史上文坛上，安知不同时开一朵璀璨光耀之花。

虽然，已往不谏，来者可追，偌大使命，其唯望于青年之有志者，愿与诸同学共勉焉！

9.论诚意

● 朱自清

诚伪是品性，却又是态度。从前论人的诚伪，大概就品性而言。诚实，诚笃，至诚，都是君子之德；不诚便是作伪的小人。品性一半是生成，一半是教养；品性的表现出于自然，是整个儿的为人。说一个人是诚实的君子或诈伪的小人，是就他的行迹总算账。君子大概总是君子，小人大概总是小人。虽然说气质可以变化，盖了棺才能论定人，那只是些特例。不过一个社会里，这种定型的君子和小人并不太多，一般常人都浮沉在这两界之间。所谓浮沉，是说这些人自己不能把握住自己，不免有诈伪的时候。这也是出于自然。还有一层，这些人对人对事有时候自觉的加减他们的诚意，去适应那局势。这就是态度。态度不一定反映出品性来；一个诚实的朋友到了不得已的时候，也会撒个谎什么的。态度出于必要，出于处世的或社交的必要，常人是免不了这种必要的。这是"世故人情"的一个项目。有时可以原谅，有时甚至可以容许。态度的变化多，在现代多变的社会里也许更会使人感兴趣些。我们嘴里常说的，笔下常写的"诚恳""诚意"和"虚伪"等词，大概都是就态度说的。

但是一般人用这几个词似乎太严格了一些。照他们的看法，不诚恳无诚意的人就未免太多。而年轻人看社会上的人和事，除了他们自己以外差不多尽是虚伪的。这样用"虚伪"那个词，又似乎太宽泛了一些。这些跟老先生们开口闭口说"人心不古，世风日下"同样犯了笼统的毛病。一般似乎将品性和态度混为一谈，年轻人也如此，却又加上了"天真""纯洁"种种幻想。诚实的品性确是不可多得，但人孰无过，不论那方面，完人或圣贤总是很少的。我们恐怕只能宽大些，卑之无甚高论，从态度上着眼。不然无谓的烦恼和纠纷就太多了。至于天真纯洁，似乎只是儿童的本分——老气横秋的儿童实在不顺眼。可是一个人若总是那么天真纯洁下去，他自己也许还没有什么，给别人的麻烦却就太多。有人赞美"童心""孩子气"，那也只限于无关大体的小节目，取其可以调剂调剂平板的氛围气。若是重要关头也如此，那时天真恐怕只是任性，纯洁恐怕只是无知罢了。幸而不诚恳，无诚意，虚伪等等已经成了口头禅，一般人只是跟着大家信口说着，至多皱皱眉，冷笑笑，表示无可奈何的样子就过去了。自然也短不了认真的，那却苦了自己，甚至于苦了别人。年轻人容易认真，容易不满意，他们的不满意往往是社会改革的动力。可是他们也得留心，若是在诚伪的分别上认真得过了分，也许会成为虚无主义者。

　　人与人事与事之间各有分际，言行最难得恰如其分。诚意是少不得的，但是分际不同，无妨斟酌加减点儿。种种礼数或过场就是从这里来的。有人说礼是生活的艺术，礼的本意应该如此。日常生活里所谓客气，也是一种礼数或过场。有些人觉得客气太拘形迹，不见真心，不是诚恳的态度。这些人主张率性自然。率性自然未尝不可，但是得看人去。若是一见生人就如此这般，就有点野了。即使熟人，毫无节制的率性自然也不成。夫妇算是熟透了的，有时还得"相敬如宾"，别人可想而知。总之，在不同的局势下，率性自然可以表示诚意，客气也可以表示诚意，不过诚意的程度不一样罢了。客气要大方，合身份，不然就是诚意太多；诚意太多，诚意就太贱了。

看人，请客，送礼，也都是些过场。有人说这些只是虚伪的俗套，无聊的玩意儿。但是这些其实也是表示诚意的。总得心里有这个人，才会去看他，请他，送他礼，这就有诚意了。至于看望的次数，时间的长短，请作主客或陪客，送礼的情形，只是诚意多少分别，不是有无的分别。看人又有回看，请客有回请，送礼有回礼，也只是回答诚意。古语说得好，"来而不往非礼也"，无论古今，人情总是一样的。有一个人送年礼，转来转去，自己送出去的礼物，有一件竟又回到自己手里。他觉得虚伪无聊，当作笑谈。笑谈确乎是的，但是诚意还是有的。又一个人路上遇见一个本不大熟的朋友向他说，"我要来看你。"这个人告诉别人说，"他用不着来看我，我也知道他不会来看我，你瞧这句话才没意思哪！"那个朋友的诚意似乎是太多了。凌叔华女士写过一个短篇小说，叫做《外国规矩》，说一位青年留学生陪着一位旧家小姐上公园，尽招呼她这样那样的。她以为让他爱上了，哪里知道他行的只是"外国规矩"！这喜剧由于那位旧家小姐不明白新礼数，新过场，多估量了那位留学生的诚意。可见诚意确是有分量的。

人为自己活着，也为别人活着。在不伤害自己身份的条件下顾全别人的情感，都得算是诚恳，有诚意。这样宽大的看法也许可以使一些人活得更有兴趣些。西方有句话，"人生是做戏。"做戏也无妨，只要有心往好里做就成。客气等等一定有人觉得是做戏，可是只要为了大家好，这种戏也值得做的。另一方面，诚恳，诚意也未必不是戏。现在人常说，"我很诚恳的告诉你"，"我是很有诚意的"，自己标榜自己的诚恳，诚意，大有卖瓜的说瓜甜的神气，诚实的君子大概不会如此。不过一般人也已习惯自然，知道这只是为了增加诚意的分量，强调自己的态度，跟买卖人的吆喝到底不是一回事儿。常人到底是常人，得跟着局势斟酌加减他们的诚意，变化他们的态度；这就不免沾上了些戏味。西方还有句话，"诚实是最好的政策"，"诚实"也只是态度；这似乎也是一句戏词儿。

10. 论做作

◉ 朱自清

做作就是"佯",就是"乔",也就是"装"。苏北方言有"装佯"的话，"乔装"更是人人皆知。旧小说里女扮男装是乔装，那需要许多做作。难在装得像。只看坤角儿扮须生的，像的有几个？何况做戏还只在戏台上装，一到后台就可以照自己的样儿，而女扮男装却得成天儿到处那么看！侦探小说里的侦探也常在乔装，装得像也不易，可是自在得多。不过——难也罢，易也罢，人反正有时候得装。其实你细看，不但"有时候"，人简直就爱点儿装。"三分模样七分装"是说女人，男人也短不了装，不过不大在模样上罢了。装得像难，装得可爱更难；一番努力往往只落得个"矫揉造作！"所以"装"常常不是一个好名儿。

"一个做好，一个做歹"，小呢逼你出些码头钱，大呢就得让你去做那些不体面的尴尬事儿。这已成了老套子，随处可以看见。那就好的是装做好，那做歹的也装得格外歹些；一松一紧的拉住你，会弄得你啼笑皆非。这一套儿做作够受的。贫和富也可以装。贫寒人怕人小看他，家里尽管有一顿没一顿的，还得穿起好衣服在街上走，说话也满装着阔气，什么都不在乎似的。——所谓"苏空头"。其实"空头"也不止苏州有。——有钱人却又怕人家打他的主意，开口闭口说穷，他能特地去当点儿什么，拿当票给人家看。这都怪可怜见的。还有一些人，人面前老爱论诗文，谈学问，仿佛天生他一副雅骨头。装斯文

52

其实不能算坏，只是未免"雅得这样俗"罢了。

有能耐的人，有权位的人有时不免"装模作样"，"装腔作势"。马上可以答应的，却得"考虑考虑"；直接可以答应的，却让你绕上几个大弯儿。论地位也只是"上不在天，下不在田"，而见客就不起身，只点点头儿，答话只喉咙里哼一两声儿。谁教你求他，他就是这么着！——"笑骂由他笑骂，好官儿什么的我自为之！"话说回来，拿身份，摆架子有时也并非全无道理。老爷太太在仆人面前打情骂俏，总不大像样，可是不得装着点儿？可是，得恰到分际，"过犹不及"。总之别忘了自己是谁！别尽拣高枝爬，一失脚会摔下来的。老想着些自己，谁都装着点儿，也就不觉得谁在装。所谓"装模做样"，"装腔作势"。却是特别在装别人的模样，别人的腔和势！为了抬举自己，装别人；装不像别人，又不成其为自己，也怪可怜见的。

"不痴不聋，不作阿姑阿翁"，有些事大概还是装聋作哑的好。倒不是怕担责任，更不是存着什么坏心眼儿。有些事是阿姑阿翁该问的，值得问的，自然得问；有些是无需他们问的，或值不得他们问的，若不痴不聋，事必躬亲，阿姑阿翁会做不成，至少也会不成其为阿姑阿翁。记得那儿说过美国一家大公司经理，面前八个电话，每天忙累不堪，另一家经理，室内没有电话，倒是从容不迫的。这后一位经理该是能够装聋作哑的人。"不闻不问"，有时候该是一句好话;"充耳不闻"，"闭目无睹"，也许可以作"无为而治"的一个注脚。其实无为多半也是装出来的。至于装作不知，那更是现代政治家外交家的惯技，报纸上随时看得见。——他们却还得勾心斗角的"做姿态"，大概不装不成其为政治家外交家罢？

装欢笑，装悲泣，装嗔，装恨，装惊慌，装镇静，都很难；固然难在像，有时还难在不像而不失自然。"小心陪笑"也许能得当局的青睐，但是旁观者在恶心。可是"强颜为欢"，有心人却领会那欢颜里的一丝苦味。假意虚情的哭泣，像旧小说里妓女向客人那样，尽管一把一眼泪一鼻涕的，也只能引起读者的微笑。——倒是那"忍泪佯低面"，教人老大不忍。佯嗔薄怒是女人的"作态"，作得恰好是爱娇，所以《乔醋》是一折好戏。爱极翻成恨，尽管"恨得人牙痒痒的"，可是还不失为爱到极处。"假意惊慌"似乎是旧小说的常语，事实上那"假意"往往露出马脚。镇静更不易，秦舞阳心上有气脸就铁青，怎么也装不成，荆轲的事，一半儿败在他的脸上。淝水之战谢安装得够镇静的，可是不觉得意忘形摔折了屐齿。所以一个人喜怒不形于色，真够一辈子半辈子装的。《乔醋》是戏，其实凡装，凡做作，多少都带点儿戏味——有喜剧，有悲剧。孩子们爱说"假装"这个，"假装"那个，戏味儿最厚。他们认真"假装"，可是悲喜一场，到头儿无所为。成人也都认真的装，戏味儿却淡薄得多；戏是无所为的，至少扮戏中人的可以说是无所为，而人们的做作常常是有所为的。所以戏台上装得像的多，人世间装得像的少。戏台上装得像就有叫好儿的，人世意即使装得像，逗人爱也难，逗人爱的大概是比较的少有所为或只消极的有的所为的。前面那些例子，值得我们吟味，而装痴装傻也许是值得重提的一个例子。

作阿姑阿翁得装几分痴，这装是消极的有所为；"金殿装疯"也有所为，就是积极的。历来才人名士和学者，往往带几分傻气。那傻气多少有点装，而从一方面看，那装似乎不大有所为，至多也只是消极的有所为。陶渊明的"我醉欲眠卿且去"说是率真，是自然；可是看魏晋人的行径，能说他不带着几分装？不过装得像，装得自然罢了。阮嗣宗大醉六十日，逃脱了司马昭做亲家，可不也一半儿醉一半儿装？他正是"喜怒不形于色"的人，而有一向当时人多说他痴，他大概是颇能做作的罢？

　　装睡装醉都只是装糊涂。睡了自然不说话，醉了也多半不说话——就是说话，也尽可以装疯装傻的，给他个驴头不对马嘴。郑板桥最能懂得糊涂，他那"难得糊涂"一个警句，真喝破了千古聪明人的秘密。还有善忘也往往是装傻，装糊涂；省麻烦最好自然是多忘记，而"忘怀"又正是一件雅事儿。到此为止，装傻，装糊涂似乎是能以逗人爱的；才人名士和学者之所以成为才人名士和学者，至少有几分就仗着他们那不大在乎的装劲儿能以逗人爱好。可是这些人也良莠不齐，魏晋名士颇有仗着装糊涂自私自利的。这就"在乎"了，有所为了，这就不再可爱了。在四川话里装糊涂称为"装疯迷窍"，北平话却带笑带骂的说"装蒜"，"装孙子"，可见民众是不大赏识这一套的——他们倒是下的稳着儿。

11. 说诙谐

◉ 朱　湘

大概，诙谐的本质，与格吱的，它们颇是相似。

这一次，我在一家理发店里，有理发匠替我槌背礤骨，礤到腰上的时候，我忍不住的笑出来了。后来，我一想，民间有一种俗话，说是怕格吱的男人都是怕老婆的；肉体上的刺激与反应既然是无由避免，于是，我便不得不教理发匠停止了他的礤骨。普天下的男人，虽说是没有一个不怕老婆的，不过，他们决不肯透漏出此中的消息来，因之，道貌岸然的，他们，至少，要装扮成一个若无其事的模样。我们，对于那种直接的或是间接的有损于自我的尊严的诙谐，也是采取着同样的处置。

天幸的有一种男人，那种不怕格吱的……这种人究竟存在与否，我实在是怀疑。以常理来测度，能忍住的男人是很多，至于完全能以格吱了不笑的男人，那恐怕是不会有的。

一定便是为了这个缘故，剧本内不常见有诙谐——讽刺的大前提——的成份，而小说内却是不少，甚至于，有的整部都是诙谐的成份。诙谐而一下转成了讽刺，即使是泛指的，都已经是有损于自我的尊严；尤其是，忍不住的又笑了出来，这个更是可以教自我由羞而恼的在家里看小说，总不会有外人来窥破这种损己的秘密，并且，人的那种大生得需要诙谐的本性也可以凭此而发泄了。

12. 放生与杀生之果报

● 李叔同

今日与诸君相见，先问诸君：（一）欲延寿否？（二）欲愈病否？（三）欲免难否？（四）欲得子否？（五）欲生西否？

倘愿者。今有一最简便易行之法奉告。即是放生也。

古今来，关于放生能延寿等之果报事迹甚多，今每门各举一事，为诸君言之。

延寿

张从善幼年尝持活鱼，刺指痛甚。自念我伤一指，痛楚如是。群鱼剔腮剖腹，断尾剖鳞，其痛如何？特不能言耳。遂尽放之溪中，自此不复伤一物，享年九十有八。

愈病

杭州叶洪五，九岁时得噩梦，惊瘄，呕血满床，久治不愈。先是彼甚聪颖，家人皆爱之，多与之钱，已积数千缗。至是，其祖母指钱曰："病至不起，欲此何为？"尽其所有，买物放生，及钱尽，病遂全愈矣。

免难

嘉兴孔某，至一亲戚家。留午餐，将杀鸡供馔。孔力止之，继以誓，遂止。是夕宿其家，正捣米，悬石杵于杇梁之上。孔卧其下，更余、已眠。忽有鸡来啄其头，驱去复来，如是者三。孔不胜其扰，遂起觅火逐之。甫离席，而杵坠，正在其首卧处。孔遂悟鸡报恩也。每举以告人，万勿杀生。

得子

杭州、杨墅庙，甚有灵感，绍兴人倪玉树，赴庙求子。愿得子日，杀猪羊鸡鹅等谢神。夜梦神告曰："汝欲生子，乃立杀愿何耶？"倪叩首乞示。神曰："尔欲有子，物亦欲有子也。物之多子者莫如鱼虾螺等，尔盍放之！"倪自是见鱼虾螺等，即买而投之江。后果连产五子。

生西

湖南张居士，旧业屠，每早宰猪，听邻寺晓钟声为准。一日忽无声。张问之，僧云："夜梦十一人乞命，谓不鸣钟可免也。"张念所欲宰之猪，适有十一子。遂乃感悟。弃屠业，皈依佛法，勤修十余年，已得神通，知去来事，预告命终之日，端坐而逝。经谓上品往生，须慈心不杀，张居士因戒杀而得往生西方，决无疑矣。

以上所言，且据放生之人今生所得之果报。若据究竟而言，当来决定成佛。因佛心者大慈悲是。今能放生，即具慈悲之心，能植成佛之因也。

放生之功德如此，则杀生所应得之恶报，可想而知，无须再举。因杀生之人，现生即短命、多病、多难、无子及不得生西也。命终之后，先堕地狱、饿鬼、畜生，经无量劫、备受众苦。地狱、饿鬼之苦，人皆知之。至生于畜生中，即常常有怨仇返报之事。昔日杀牛羊猪鸡鸭鱼虾等之人，即自变为牛羊猪鸡鸭鱼虾等。昔日被杀之牛羊猪鸡鸭鱼虾等，或变为人而返杀害之。此是因果报应之理，决定无疑，而不能幸免者也。

既经无量劫，生三恶道，受报渐毕。再生人中，依旧短命、多病、多难、无子及不得生西也。以后须再经过多劫，渐种善根，能行放生戒杀诸善事，又能勇猛精勤忏悔往业，乃能渐离一切苦难也。

抑余又有为诸君言者。上所述杀牛羊猪鸡鸭鱼虾，乃举其大者而言。下至极微细之苍蝇蚊虫臭虫跳蚤蜈蚣壁虎蚁子等，亦决不可害损。倘故意杀一蚊虫，亦决定获得如上所述之种种苦报。断不可以其物微细而轻忽之也。

今日与诸君相见，余已述放生与杀生之果报如此苦乐不同。惟愿诸君自今以后，力行放生之事，痛改杀生之事。余尝闻人云：泉州近来放生之法会甚多，但杀生之家犹复不少。或者一人茹素，而家中男女等仍买鸡鸭鱼虾等之活物，任意杀害也。愿诸君于此事多多注意。自己既不杀生，亦应劝一切人皆不杀生，况家中男女等，皆自己所亲爱之人，岂忍见其故造杀业，行将备受大苦，而不加以劝告阻止耶？诸君勉旃，愿悉听受余之忠言也。

13. "今"

●李大钊

我以为世间最可宝贵的就是"今"，最易丧失的也是"今"，因为他最容易丧失，所以更觉得他可以宝贵。

为什么"今"最可宝贵呢？最好借哲人耶曼孙所说的话答这个疑问："尔若爱千古，尔当爱现在。昨日不能唤回来，明天还不确实，尔能确有把握的就是今日。今日一天，当明日两天。"

为什么"今"最易丧失呢？因为宇宙大化，刻刻流转，绝不停留。时间这个东西，也不因为吾人贵他爱他稍稍在人间留恋。试问吾人说"今"说"现在"，茫茫百千万劫，究竟那一刹那是吾人的"今"，是吾人的"现在"呢？刚刚说他是"今"是"现在"，他早已风驰电掣的一般，已成"过去"了。吾人若要糊糊涂涂把他丢掉，岂不可惜？

有的哲学家说，时间但有"过去"与"未来"，并无"现在"。有的又说，"过去""未来"皆是"现在"。我以为"过去未来皆是现在"的话倒有些道理。因为"现在"就是所有"过去"流入的世界，换句话说，所有"过去"都埋没于"现在"的里边。故一时代的思潮，不是单纯在这个时代所能凭空成立的，不晓得有几多"过去"时代的思潮，差不多可以说是由所有"过去"时代的思潮，一凑合而成的。

吾人投一石子于时代潮流里面，所激起的波澜声响，都向永远流动传播，不能消灭。屈原的《离骚》，永远使人人感泣。打击林肯头颅的枪声，呼应于永远的时间与空间。一时代的变动，绝不消失，仍遗留于次一时代，这样传演，至于无穷，在世界中有一贯相连的永远性。昨日的事件，与今日的事件，合构成数个复杂事件。此数个复杂事件，与明日的数个复杂事件，更合构成数个复杂事件。势力结合势力，问题牵起问题。无限的"过去"，都以"现在"为归宿。无限的"未来"，都以"现在"为渊源。"过去""未来"的中间，全仗有"现在"以成其连续，以成其永远，以成其无始无终的大实在。一掣现在的铃，无限的过去未来皆遥相呼应。这就是过去未来皆是现在的道理，这就是"今"最可宝贵的道理。

现时有两种不知爱"今"的人：一种是厌"今"的人，一种是乐"今"的人。

厌"今"的人也有两派。一派是对于"现在"一切现象都不满足，因起一种回顾"过去"的感想。他们觉得"今"的总是不好，古的都是好。政治、法律、道德、风俗，全是"今"不如古。此派人唯一的希望在复古。他们的心力全施于复古的运动。一派是对于"现在"一切现象都不满足，与复古的厌"今"派全同。但是他们不想"过去"，但盼"将来"。盼"将来"的结果，往往流于梦想，把许多"现在"可以努力的事业都放弃不做，单是沉溺于虚无缥缈的空玄境界。这两派人都是不能助益进化，并且很足阻滞进化的。

乐"今"的人大概是些无志趣无意识的人，是些对于"现在"一切满足的人。他们觉得所处境遇可以安乐优游，不必再商进取，再为创造。这种人丧失"今"的好处，阻滞进化的潮流，同厌"今"派毫无区别。

原来厌"今"为人类的通性。大凡一境尚未实现以前，觉得此境有无限的佳趣，有无疆的福利；一旦身陷其境，却觉不过尔尔，随即起一种失望的念，厌"今"的心。又如吾人方处一境，觉得无甚可乐；而一旦其境变易，却又觉得其境可恋，其情可思。前者为企望"将来"的动机，后者为反顾"过去"的动机。但是回想"过去"，毫无效用，且空耗努力的时间。若以企望"将来"的动机，而尽"现在"的势力，则厌"今"思想，却大足为进化的原动。乐"今"是一种情性，须再进一步，了解"今"所以可爱的道理。全在凭他可以为创造"将来"的努力，决不在得他可以安乐无为。

热心复古的人，开口闭口都是说"现在"的境象若何黑暗，若何卑污，罪恶若何深重，祸患若何剧烈。要晓得"现在"的境象倘若真是这样黑暗，这样卑污，罪恶这样深重，祸患这样剧烈，也都是"过去"所遗留的宿孽，断断不是"现在"造的；全归咎于"现在"，是断断不能受的。要想改变他，但当努力以回复"过去"。

照这个道理讲起来，大实在的瀑流，永远由无始的实在向无终的实在奔流。吾人的"我"，吾人的生命，也永远合所有生活上的潮流，随着大实在的奔流，以为扩大，以为继续，以为进转，以为发展。故实在即动力，生命即流转。

忆独秀先生曾于《一九一六年》文中说过，青年欲达民族更新的希望，"必自杀其一九一五年之青年，而自重其一九一六年之青年"。我尝推广其意，也说过人生唯一的新向，青年唯一的责任，在"从现在青春之我，扑杀过去青春之我；促今日青春之我，禅让明日青春之我"。"不仅以今日青春之我，追杀今日自首之我，并宜以今日青春之我，豫杀来日自首之我。"实则历史的现象，时时流转，时时变易，同时还遗留永远不灭的现象和生命于宇宙之间，如何能杀得？所谓杀者，不过使今日的"我"不仍旧沉滞于昨天的"我"。而在今日之"我"中，固明明有昨天的"我"存在。不止有昨天的"我"，昨天以前的"我"，乃至十年二十年百千万亿年的"我"，都俨然存在于"今我"的身上。

然则"今"之"我","我"之"今",岂可不珍重自将,为世间造些功德。稍一失脚,必致遗留层层罪恶种子于"未来"无量的人,即未来无量的"我"。永不能消除,永不能忏悔。

我请以最简明的一句话写出这篇的意思来:

吾人在世,不可厌"今"而徒回思"过去",梦想"将来",以耗误"现在"的努力;又不可以"今"境自足,毫不拿出"现在"的努力,谋"将来"的发展。宜善用"今",以努力为"将来"之创造。由"今"所造的功德罪孽,永久不灭。故人生本务,在随实在之进行,为后人造大功德,供永远的"我"享受,扩张,传袭,至无穷极,以达"宇宙即我,我即宇宙"之究竟。

14. 论爱

● 纪伯伦

于是爱尔美差说：请给我们谈爱。

他举头望着民众，他们一时静默了。他用洪亮的声音说：

当爱向你们召唤的时候，跟随着他，

虽然他的路程艰险而陡峻。

当他的翅翼围卷你们的时候，屈服与他，

虽然那藏在羽翼中间的剑刃也许会伤毁你们。

当他对你们说话的时候，信从他，

虽然他的声音会把你们的梦魂击碎，如同北风吹荒了林园。

爱虽给你加冠，他也要把你钉在十字架上。他虽栽培你，他也刘剪你。

他虽升到你的最高处，抚惜你在日中颤动的枝叶，

他也要降到你的根下，摇动你的根柢的一切关节，使之归土。

如同一捆稻粟，他把你束聚起来。

他舂打你使你赤裸。

他筛分你使你脱壳。

他磨碾你直至洁白。

他揉搓你直至柔韧。

然后他送你到他的圣火上去，使你成为上帝圣筵上的圣饼。

这些都是爱要给你们做的事情，使你知道自己心中的秘密，在这知识中你便成了"生命"心中的一屑。

假如你在你的疑惧中，只寻求爱的和平与逸乐，

那不如掩盖你的裸露，而躲过爱的筛打，

而走入那没有季候的世界，在那里你将欢笑，却不是尽量的笑悦，你将哭泣，却没有流干了眼泪。

爱除自身外无施与，除自身外无接受。

爱不占有，也不被占有。

因为爱在爱中满足了。

当你爱的时候，你不要说"上帝在我的心中"，却要说"我在上帝的心里"。

不要想你能导引爱的路程，因为若是他觉得你配，他就导引你。

爱没有别的愿望，只要成全自己。

但若是你爱，而且需求愿望，就让以下的做你的愿望吧：

溶化了你自己，像溪流般对清夜吟唱着歌曲。

要知道过度温存的痛苦。

让你对于爱的了解毁伤了你自己；

而且甘愿地喜乐地流血。

清晨醒起，以喜飏的心来致谢这爱的又一日；

日中静息，默念爱的浓欢；

晚潮退时，感谢地回家；

然后在睡时祈祷，因为有被爱者在你的心中，有赞美之歌在你的唇上。

15. 论婚姻

◉ 纪伯伦

爱尔美差说，请给我们谈婚姻。

他回答说：

你们一块儿出世，也要永远合一。

在死的白翼隔绝你们的岁月的时候，你们也要合一。

连在静默地忆想上帝之时，你们也要合一。

不过在你们合一之中，要有间隙。

让天风在你们中间舞荡。

彼此相爱，却不要做成爱的系链。

只让他在你们灵魂的沙岸中间，做一个流动的海。

彼此斟满了杯，却不要在同一杯中共饮。

彼此递赠着面包，却不要在同一块上取食。

快乐地在一处舞唱，却仍让彼此静独，连琴上的那些弦子也是单独的，虽然他们在同一的音调中颤动。

彼此赠献你们的心却不要互相保留，因为只有"生命"的手才能把持你们的心。

要站在一处却不要太密，因为殿里的柱子也是分立在两旁，橡树和松柏也不在彼此的荫影中生长。

16. 生命与创造

◉ 罗曼·罗兰

生命若是一张弓，那梦想就是弓弦。但，箭手在哪里呢？

我见过一些俊美的弓，用坚韧的木料制成，表面光滑没有一丝节痕，谐和秀逸如神之眉，但却没什么用途。

我见过一些行将震颤的弦线，仿佛从动荡的内脏中抽出的肠线，在静寂中颤栗着。它们绷紧着，即将奏鸣了……它们将射出银矢——那音符——在空气的湖面上拂起涟漪，可是它们在等待什么？终于松弛了。于是，永远没有人听到那串美妙的音符了。

震颤沉寂，箭枝纷散。箭手何时来捻弓呢？

他很早就来把弓搭在我的梦想上。我几乎记不起我何时曾躲过他，只有神知道我怎样地梦想！我的一生是一个梦，我梦着我的爱、我的行动和我的思想。当我晚上无眠时，当我白天幻想时，我心灵中的谢海莱莎特就解开了纺纱竿。她在急于讲故事时，她梦想的线索被搅乱了，我的弓跌到了纺纱竿一面，那箭手——我的主人——睡着了。但即使在睡眠中，他也不放松我，我挨近他躺着。我像那把弓，感到他的手放在我光滑的木杆上。那只丰美的手、那些修长而柔软的手指，它们用纤嫩的肌肤抚弄着在黑夜中奏鸣的一根弦线。我使自己的颤动融入他身体的颤动中，我颤栗着，等候苏醒的瞬间，那时，我就会被神圣的箭手搂入他的怀抱里。

所有我们这些有生命的人都在他掌中；灵智与身体，人，兽，元素，水与火——气流与树脂——一切有生之物……

生存有什么可以恐惧的呢！要生活，就必须行动。您在哪里，箭手，我在向您呼吁，生命之弓就横在您的脚下。俯下身来，拣起我吧！把箭搭在我的弓弦上，射吧！

我的箭嗖地飞去了，犹如飘忽的羽翼。那箭手把手挪回来，搁在肩头，一面注视着向远方消失的飞矢，一面注视着已经射过的弓弦渐渐地由震颤而归于凝止。

谁能解释神秘的发泄呢？一切生命的意义就在于此——在于创造的刺激。

生活在这刺激的状态中，是万物共同的期待。我常观察我们那些小同胞，那些兽类与植物奇异的睡眠——那些禁锢在茎衣中的树木、做梦的反刍动物、梦游的马、终生懵懵懂懂的生物。而我在它们身上却感到一种不自觉的智慧，其中不无一些悒郁的微光，显出思想快形成了："究竟什么时候才行动呢？"

微光隐没。它们又入睡了，疲倦而听天由命……

"还没到时候呐。"我们必须等待。

我们一直等待着，我们这些人类。时候毕竟到了。

可是对于某些人，创造的使者只站在门口；对于另一些人，他却进去了，他用脚碰碰他们："醒来！前进！"

我们一跃而起：咱们走！

我之所以生存，因为我创造。每一种健全的思想是一颗植物种籽的包壳，传播着输送生命的花粉。造物主不是一个劳作了六天而在安息日上休憩的有组织的工人。安息日就是主日，是造物主那伟大的创造日。造物主不知道还有什么别的日子。如果他停止创造，即使是一刹那，他也会死去。因为"空虚"时刻张着两颗等着他……颚骨，吞下吧，别做声！巨大的播种者散布着种籽，仿佛流泻的阳光；而每一颗洒下来的渺小种籽就像另一个太阳。倾泻吧，未来的收获，无论肉体或精神的！精神或肉体，反正都是同样的生命之源泉。

"我的不朽的女儿，刘克屈拉和曼带尼亚……"我产生我的思想和行动，作为我身体的果实……永远把血肉赋予文字……这是我的葡萄汁，正如收获葡萄的工人在大桶中用脚踩出的一样。

因此，我一直创造着……

17. 路

◉ 劳伦斯

世上的自由意志有很多。我们可以交出意志从而成为大趋势中的一朵火花,或者扣留意志,蜷缩在意志之内,从而逗留在大趋势之外,豁免生或死。可死神最终是要来临的。即便到了那时也无法改变这样一个事实,我们能够生存,在虚无中豁免死,将否定施加给我们的自由意志。

我们唯一可以做的就是在孤独中认出哪条是我们应该走的路,然后迈出脚步,坚定地向着目的走去。笔直的死亡路上有其壮丽和英勇的色彩;热情和冒险妆扮着它,浑身跃动着奔跑的豹、钢铁和创伤,长着水淋淋的水莲,它们在自我牺牲的腐泥里发出冰冷而迷人的光。生之路上的植物又是另一番景象,一路上野鸟啼鸣,歌唱着美妙的春天,歌唱梦中创造的神奇的建筑。我踏上了充满敌意的敏感之路,为了我们高贵的不朽的荣耀,为了一些娇小的贵夫人,为了无瑕的、由血浇灌的百合花,我们冲破迷人的血的炫耀。或者从我的静脉中生出一朵高雅的、无人知晓的玫瑰,一朵娇艳挺拔的玫瑰。这玫瑰是世界上独一无二的。对虚无来说,我这闪光的、超然存在的玫瑰只是一颗小小的卷心菜,当羊群走进花园时,它们会冷淡地对待玫瑰,但吃卷心菜时却贪婪无比。对虚无来说,我壮丽的死就像江湖骗子的表演,如果我在消极的嗅觉下稍稍使我的矛倾斜一下那就是可怕的、非人道的罪行,必须用"正确"的统一的回声压倒和制止窒息。

　　世上有两条路和一条没有路的路。我们不会注意那不是路的路。没有人愿意去走那条没有路的路。但也许会有一种人会坐在他那没有路的路的尽头，像一颗长在花梗盲肠上的卷心菜。

　　那条路，那条没有路的路往往被人忘却。有条路有炽热的阳光洒落下来，使大地的种子尽情呼吸。有红色的火在它回去的路上，在即将来临的分裂中向上升腾。火从太阳那儿下来投入种子，扑通一声跳入生命的小水库。绿色的泡沫和细流向上喷射，一棵树、一口玫瑰的喷泉、一片梨花般的云朵。火又返了回来，树叶枯萎，玫瑰凋谢。火又返回到太阳，暗淡的水流消逝了。

　　这一切就是生，就是死——懒汉般的羊群也不过如此。有迅速的死，也有缓慢的死。我投一束光线在多花的灌木上，平衡倒塌变成了火焰路，在死亡的翅膀上，灌木丛向上冲去，在烟雾中暗淡的水在流逝。

18. 健康

◉ 叔本华

能够促使心情愉快的不是财富，而是健康。

我们不是常在下层阶级——劳动阶级，特别是工作在野外的人们脸上找到愉快满足的表情吗？而那些富有的上层人士不常是愁容满面，满怀苦恼吗？所以我们当尽力维护健康，唯有健康方能绽放愉悦的花朵。

至于如何维护健康实在也无需我来指明——避免任何种类的过度放纵和动荡不安的情绪，但也不要太抑制自己。要经常做户外运动、冷水浴以及遵守卫生原则。没有适度的日常运动，便不可能永远健康，生命过程便是依赖体内的各种器官的不停运动，运动的结果不仅影响到有关身体各部分，也影响全身。亚里士多德说："生命便是运动。"运动也的确是生命的本质。有机体的所有部分都一刻不停地迅速运动着。比如说，心脏在一收一张间有力而不息地跳动，每跳28次便把所有的血液由动脉送到静脉再分布到身体各处的微细血管中。肺像个蒸气引擎无休止地膨胀、收缩。内脏也总在蠕动工作着。各种腺体不断地吸收再分泌激素。甚至于脑也随着脉搏的跳动和我们的呼吸而运动着。世上有无数的人注定要从事坐办公室的工作，他们无法经常运动。体内的骚动和体外的静止无法调和，必然产生显著的对立。本来体内的运动也需要适度的体外运动来平衡，否则就会产生情绪的困扰。大树要繁盛荣茂也须风来吹动。人的体外运动须与体内运动平衡，此点尤为重要。

幸福系之于人的精神，精神的好坏又与健康息息相关。

这只要想想我们对同样的外界环境和事件，在健康强壮时和缠绵病榻时的看法及感受如何不同，即可看出。使我们幸福或不幸福的，并非客观事件，而是那些事件给予我们的影响和我们对它的看法。就像伊皮泰特斯所说："人们不受事物影响，却受他们对事物看法的影响。"

一般来说，人的幸福十之八九有赖健康的身心。有了健康，每件事都是令人快乐的；失掉健康就失掉了快乐。即使人具有伟大的心灵，快活乐观的气质，也会因健康的丧失而黯然失色，甚至变质。所以当两人见面时，我们首先便问候对方的健康情形，相互祝福身体康泰，因为健康实在是成就人类幸福最重要的成分。只有愚昧的人才会为了其他的幸福牺牲健康。不管其他幸福是功、名、利、禄、学识，还是过眼烟云似的感官享受，世间没有任何事比健康来得更重要了。

19. 论荣誉

●培　根

人的荣誉应当与人的价值成正比。如果荣誉大于价值，不会使人信服。反之，内在价值大于荣誉，则不易被发现。

一个人若完成了没有人做过的，或虽做过但未得成功的事业——那么他所获得的荣誉，将远远高于追随别人而做的事业，哪怕后者更难。

如果说一个人所做的事业有益于社会，有益于人民，有益于各行各业，那么他得到的荣誉就会更大。

有的人为了荣誉失去了崇高的东西，那又能怪得了谁呢，只能说他自我保护意识很差。如果能做成别人都尝试而失败过的事，那么他的名字将像多面的钻石，焕发出最耀眼的光彩。所以，在荣誉的追求上，有竞争的对手是一件好事。聪明的侍从有助于扩散荣誉。西塞罗说过："光荣出自家中。嫉妒是蚕食荣誉的蠹虫，所以要设法征服它。为此就要使人相信，你所追求的目的不在荣誉而在事业，你的成功得之于良机而并非由于你的优异"。

君主们的荣誉可以按如下等级排列：第一等是创建国家的人们，如罗马城者——罗慕洛，波斯建国者——塞拉斯，凯撒帝国——凯撒，奥特曼帝国——奥特曼，伊斯兰帝国——伊斯梅尔。

第二等是立法者们，国家制度的创设者，如斯巴达立法者——莱卡斯，雅典立法——梭伦，东罗马皇法——查士丁尼，英国国法——

爱德加，西班牙国法——卡斯提。

第三等是那些解放者。他们或者结束了内战，或者把民族从异族奴役中拯救出来。如奥古斯都、菲思帕斯、奥兰斯（罗马皇帝）、英格兰王亨利七世、法兰西王亨利四世等。

20. 论逆境

◉培 根

"一帆风顺固然令人羡慕，但逆水行舟则更令人钦佩。"这是塞涅卡效仿斯多葛派哲学讲出的一句名言。确实如此。如果说奇迹就是超乎寻常，那么它常常显现的则是在对逆境的征服中。塞涅卡还说过一句更深刻的格言："真正的伟大，即在于以脆弱的凡人之躯而具有神性的不可战胜。"这是宛如诗句的妙语，意味深长。

在古代诗人们的神话中曾有这样的描写：当赫克里斯去解救盗火种给人类的英雄普罗米修斯的时候，他是坐着一个瓦罐漂渡重洋的。这个故事其实象征这样一个情景：人生犹如波涛翻滚的海洋，而每一个基督徒正以血肉之躯的孤舟横渡它。

面对幸运所需要的美德是节制，而面对逆境所需要的美德是坚韧，从道德修养方面讲后者比前者更为难能。所以《圣经》之《旧约》把顺境看作神的赐福，而《新约》则把逆境看作神的恩惠。因为上帝正是在逆境中才会给人以更深的恩惠和更直接的启示。

在《旧约》诗篇中大卫的竖琴美妙乐音中，你所听到的那并非仅是颂歌还伴随有同样多的苦难哀音，而圣灵对约伯所受苦难的记载远比对所罗门财富的刻画要更动人。

一切幸福都充满慰藉与希望，而一切逆境也都充满忧虑和烦恼，然而现实却绝非如此。

　　以暗淡的背景衬托明丽图案的刺绣才是最美好的，而绝不是以暗淡的花朵镶嵌于明丽的背景上。让我们从这种美景中去汲取启示吧。

　　人的美德犹如名贵的檀木，只有在烈火的焚烧中才会散发出最浓郁的芳香。正如恶劣的品质会在幸福而无节制中被显露一样，最美好的品质也正是在逆境中而灼放出光辉的。

21. 论坚毅

蒙　田

　　所谓坚毅，主要指耐心忍受无法补救的不测。但坚毅并不意味着不要尽我们所能地避开威胁我们的麻烦和不测，不要担心它们的突然降临。相反，任何预防不测的诚实做法不仅允许，而且值得赞扬。因此，如果能够利用身体的灵活或手中的武器避开别人的突然袭击都是好的办法。

　　古时候许多好战的民族将逃跑作为他们的主要武器，经验证明这种背对敌人的做法比面向敌人更危险。

　　土耳其人比较习惯这样做。

　　在柏拉图的人物传记中，苏格拉底嘲讽拉凯斯（苏格拉底密友）把勇敢定义为在对敌作战中坚守阵地。苏格拉底说："怎么？难道把阵地让给敌人再反击他们就是怯懦吗？"他还引证荷马如何称颂埃涅阿斯的逃跑战术。后来，拉凯斯改变了看法，承认斯基泰人和骑兵也采用逃跑的战术。这时苏格拉底又举斯巴达的步兵为例，这个民族比任何民族都英勇善战，攻克布拉的城那天，由于冲不破波斯部队的方阵，斯巴达军队制造后退的假象，引诱波斯人追击，就这样斯巴达人打破和瓦解波斯人的方阵，取得了胜利。

　　至于斯基泰人，有人说当大流士皇帝率兵去征服他们的时候，强烈谴责他们的国王见到他时总是后退，对此，斯基泰人的国王安达蒂斯回答说，他后退既非怕大流士，也非怕其他什么人，而是他的民族行走的方式。因为他们既无耕地，也无城池和家园要保卫，不必担心敌人从中捞到好处。但是，如果说这位国王为什么要这样做，那么主要是因为他想靠近他们祖宗的墓地，在那里他就会找到对话者。

当进行炮战时，正如打仗时常有的那样，一旦被瞄准是不能怕被击中而躲开的，因为炮弹的威力之大，速度之快，让人防不胜防。但还是有人试图举手或低头来躲避炮弹，这至少会让同伴们嗤笑。

查理五世入侵普罗旺斯时，在风车的掩护下，居阿斯特侯爵去侦察阿尔城。当他离开掩护时，被正在竞技场上视察的德·博纳瓦尔和塞内夏尔·德·阿热诺阿两位老爷发现。他们将侯爵指给炮兵指挥官德·维利埃，后者用轻型长炮瞄准侯爵，侯爵看见开火，便扑向一旁，可是未及躲开便中了弹。

几年前，洛朗一世在维卡利亚一带围困意大利要塞蒙多尔夫。他看见瞄准他的一门大炮正在点火，便赶紧趴下，否则，炮弹可能会击中他的腹部，可现在仅仅从他的头顶擦过。说实话，我不认为他们的举动是经过思考的，因为在瞬间你怎么能判断得出对方是朝上还是朝下瞄准呢？人们更愿意相信能躲过炮弹那是侥幸，下次恐怕就难躲及，反而是飞蛾扑火，自取灭亡。

如果在我未防备的地方，突如其来的枪声传入我的耳朵，我可能也会发颤。这种情况在比我勇敢的人身上也发生过。

斯多葛派认为，他们哲人的心灵不能够抵挡突如其来的幻觉和想像。但是，他们一致认为这似乎是本能所致。比方说智者听到晴天霹雳，或是看到突降灾祸会大惊失色，浑身颤抖，对于其他的痛苦只要哲人的理智是健全的，他们的判断能力尚未受到损害，他们都会镇定自若。而对于非哲人来说，前一种反应是与智者一样的，而第二种就截然不同了。因为对于后者来说，痛苦的感受不是表面的，他的理智已经受到腐蚀和毒害。这种人只根据痛苦进行判断，并与其妥协。不妨好好瞧一瞧这位斯多葛哲人的心境：

> 他的心坚定不移，他的泪枉然流淌。
>
> ——维吉尔

逍遥学派的哲人并不排斥烦恼，但他们善于抑制。

22.论忧伤

◉ 蒙　田

　　我是属于最少忧伤的人。尽管人们对这种情感推崇备至，可我一点都不喜欢也不欣赏。人们常给明智、美德和良心穿上这件外衣，这纯粹是一种愚蠢而可怕的装饰。意大利人更是恰如其分地把邪恶称为伤感。因为伤感从来是一种有害而荒唐、怯懦而卑鄙的情感，所以斯多葛派不容许他们的哲人有这种情感。

　　然而有传说称：埃及国王普萨梅尼图斯被波斯王康比泽击败并俘虏后，看到被俘的女儿穿着佣人的衣服，被波斯人派去汲水，她从他面前经过时，他所有的朋友都围着他伤心流泪，他自己却直立在那里，一言不发，眼睛看着地面；接着，他又看到儿子被敌人拉去处死，仍然无动于衷。但是，当他在战俘中看到自己的一个仆人时，却开始捶打脑袋，感受极其痛苦。

　　无独有偶。我们的一位亲王最近也发生了类似的事。他在特朗特获悉他的长兄，整个家族的光荣和支柱被害的消息，不久又得知他家的第二希望——他的二哥也去世了，他以极其惊人的毅力承受了这两个打击。但是，几天后他的一个仆人死了，他却经受不住这一新的打击，陷入极度的悲痛与悔恨之中。有人以此作为论据，说他只被这最后的打击所震撼。事实上，两个哥哥相继去世，他已悲痛欲绝，稍微超载就会摧垮忍耐的堤坝。我们可以用同样的方式评价我们的历史，即使历史向我们表明，当康比泽问普萨梅尼图斯为何对其子女的悲剧无动于衷，却为朋友的不幸而悲痛时，后者回答："对朋友的悲伤可以用眼泪来表达，而对子女的悲伤则是任何方式都难以表达的。"

有关这一话题，古代一位画家的创造颇与之类似。这位画家画伊菲革涅亚献祭仪式，按照目击者对这位美丽少女无辜殉难的关心程度来描绘他们各自不同的悲痛。画家作了最大的努力，当画少女的父亲时，已山穷水尽，便用手将他的脸遮住，仿佛没有任何方式可以表达他的悲痛程度。这也能说明为何诗人们要虚构出尼俄柏这位不幸的母亲，来表达过度悲伤时的萎靡不振和沉默不语的麻木状态：她先痛失七个儿子，继而七个女儿，丧失太多的亲人，因过分悲痛而最终变成了一块岩石，

痛苦得变成了石像。

——奥维德

当然，极端的悲痛会震惊整个心灵，使其不能自由行动，正如刚听到一则很不幸的消息时，我们会惊得魂飞魄散，呆若木鸡，但在放声大哭和悲哀诉说之后，心灵就会找到出路，得到放松和宽慰，

痛苦到最后，终于哭出了声。

——维吉尔

弗迪南国王与匈牙利国王的遗孀在布达附近打仗，德军统帅雷萨利亚克看到一匹战马运来一具尸体。统帅和大家一样，因死者在战斗中表现出色，而对他的死深表同情。出于跟别人同样的好奇心，他

想看看死者是谁。当死者被卸去盔甲时，他才认出原来是自己的儿子。众人皆泣，唯独他没说一句话，也没掉一滴泪，站在那里，双目凝视儿子，直到极度悲痛使他停止呼吸，直挺挺地倒在地上。

正如情人们说的那样：

可以表达出来的爱火是温火。

——彼特拉克

他们还用下面的诗句表达难熬的情爱：

可怜的我！感官全已陶醉。
当我见到你，累斯比，
心灵和语言便不听使唤；
微妙的火遍烧我全身；
耳畔响起嗡嗡的声音；
双眼蒙上沉沉的黑夜。

——卡图鲁斯

因此，感情处于最剧烈最炽热的时刻，是很难表达我们的痛苦和相思的。因为，此时我们的心灵被沉重的思绪压得喘不过气，躯体则因爱情而变得虚弱和忧郁。

于是，那些爱得失去分寸的情人有时会突然找不到感觉，由于爱到了极点，即使在温馨之中，也会突然冷下来。大凡可以品尝和忍受的情爱都是微不足道的。

小悲则言，大悲则静。

——塞涅卡

同样，突如其来的快乐也会使我们大吃一惊，

她一见我和特洛伊军队，
就失去神志，迷离恍惚，
目光呆滞，脸色苍白，昏倒在地，
过了许久才能重新说话。

——维吉尔

历史上因高兴而猝死者不乏其人：有位罗马妇人看到儿子从坎尼溃败归来，过于兴奋而一命呜呼；索福克勒斯和暴君狄奥尼修斯也死于兴奋过度；塔尔瓦则是在获悉自己被罗马元老院授予荣誉称号消息时，客死在科西嘉。至于本世纪，这样的例子也不胜枚举：莱昂十世教皇得知米兰被攻克的消息——这是他期待已久的，因而惊喜若狂，便呜呼哀哉。还有一例更能证明人类的这一愚蠢行为：古人记载，辩证法大师狄奥多罗斯因为当着他的学生和听众的面不能解答人们提出的问题，羞愧不已而当场命归西天。

我很少感觉这种强烈的情感。我天生感觉迟钝，并每天通过理性将感情约束。

23. 如果我是富豪

◉ 卢 梭

我不会到乡间为自己修建一幢别墅，也不会在穷乡僻壤筑起杜伊勒利宫。我要在一道林木葱茏、景色优美的山坡上拥有一间质朴的小屋，一间有着绿色挡风窗的小白屋。至于屋顶，我会把那茅草换成瓦片，这样在任何季节都将是最惬意的。因为瓦片比茅草干净，色调更加鲜明，而且我家乡的房子都是这样的，这能够让我感觉自己回到了童年。

无需庭院，但要一个饲养家禽的小院子；我无需马厩，但要一个牛栏，里面饲养着奶牛，每天为我带来新鲜的奶汁；我无需花圃，但要一畦菜地；我无需宽大的花园，但要一片如我下面所描绘的果园。树上的果子不必点数也不必采撷，供路人享用；我不会把果树贴墙种在房屋周围，使路人碰也不敢碰树上华美的果实。然而，这小小的挥霍代价轻微，因为我幽静的房屋坐落在偏远的外省，那儿金钱是不多的，但食物丰富，是个既富饶又穷困的地方。

然后，我邀请一批由我精心挑选出的朋友。男的喜欢寻欢作乐，而且个个是行家；女的乐于走出闺阁，参加野外游戏，懂得垂钓、捕鸟、翻晒草料、收摘葡萄，而不是只会刺绣、玩纸牌。那儿，都市的风气荡然无存，我们都变成山野的村民，每晚都有不同的活动恣意寻欢。白天，我们聚集在一起参加户外锻炼以及劳作，这样会使我们食欲大增。我们的每餐饭都是盛宴，食物的丰富胜似佳肴。愉快的情绪、田野的劳动、嬉笑的游戏是世上最佳的厨师，而精美的调料对于日出而作的劳动者简直是可笑的玩意。这样的筵席不讲究礼仪也不讲究排场；到处都是餐厅——花园、小船；树阴下，有时筵席设在淙淙的泉水边，在如茵的草地上，在柽树和榛树之下；客人们手端丰盛的食物，欢快地唱着歌，歪歪斜斜地排成行列。草地桌椅、泉水环石当放酒菜的台子，饭后的水果就挂在枝头。上菜不分先后，只要胃口好，何必讲究客套；人人都喜欢亲自动手，不必假助他人。在这诚挚而亲密的气氛中，人们互相逗趣，互相戏谑，但又不涉鄙俚，毫无虚情假意和约束之感。完全不需要讨厌的仆人，因为他们会偷听我们谈话，低声评论我们的举止，用贪婪的目光数我们吃了多少块肉，有时迟迟不上酒，而且宴会时间太长他们还唠唠叨叨。

为了成为自己的主人，我们将是自己的仆从，每个人都被大家服侍。我们任凭时间流逝，用餐即是休息，一直吃到太阳落山也没有什么不可以。如果有劳作归来的农夫荷锄从我们身边走过，我要对他讲几句亲切的话使他高兴；我要邀请他喝几口佳酿使他能够暂时忘记身体的疲劳。由此我的内心又会呈现出些许的喜悦，并悄声对自己说："我还算是个好人。"

乡民的节日，我会和朋友赶去助兴；邻里的婚礼，也少不了我的凑趣。我给这些善良的人们带去几件同他们自己一样朴素的礼物，为喜庆增添几许欢愉；作为交换，我将得到无法估价的报偿，一种和我同样的人极少得到的报偿：倾心交谈和无比的快乐。我在他们的长餐桌边就座，高高兴兴地喝喜酒；我随声附和，同大家一道唱一首古老的民歌；在谷仓里，我们一同跳舞，心情犹如参加了巴黎歌剧院的舞会，不！比那里更加欢畅。

24. 穿衣打扮

◎康 德

在与人交往前，注重自己的形象是十分有必要的，但这种必要不应在交往中体现出来，因为那样会产生难堪，或者是装腔作势而应追求的是自然大方：对于自己在举止得体方面、在衣着方面不会被别人指责的某种自信。

好的、端庄的、举止得体的衣着是一种引起别人敬重的外部假象，也是一种欲望的自我压抑。

对比是把不相关的感官表象在同一概念之下加以引人注意的对置。正是由于对比，一块沙漠中的绿地才显得引人惊奇。一间茅草盖顶的房子配上内部装饰考究的舒适房间，这都使人的观念活跃，感官由此加强。反之，穷困而盛气凌人，一位身着华丽外衣的贵妇人内衣却很脏，或者像从前某个波兰贵族那样，宴饮时挥霍无度，侍从成群，平时却穿着树皮做的鞋，而这却不是对比。为不错的事物辅之以更能表现其美的因素，才称之为对比。美的、质优的、款式新颖的服装是人的衬托。

新颖，甚至那种怪诞和内容诡秘的新颖，都活跃了注意力。因为这是一种收获，感性表象由此获得了加强。单调（诸感觉完全一模一样）最终使感觉松弛，主要表现在环境观察力的降低，而感官则被削弱。变化则使感官更新。

拿诵读布道词来说，如诵读腔调从始至终都不变。无论是大声喊叫的还是温言细语的，用千篇一律的声音来诵读，最后的结局都是使听诵读的人进入梦乡。工作加休息，城市生活加乡村生活，在交往中谈话加游戏，在独自消遣时一会读历史，一会读诗歌，搞哲学又搞数学，在不同社交场合穿着不同的服饰，这些都可以强化心灵。这是同一生命力在激动感觉的意识，不同的感觉器官在它们的活动中相互更替。生活单调无色彩，会使懒惰之人的生活变得更加空虚，目标更加模糊缥缈。

衣服的颜色能使面庞看起来更加娇艳，这是幻象，但脂粉却是欺骗。前者吸引人，后者则愚弄人。于是有这样的情况：人们几乎不能忍受在人或动物的雕像上画上自然的颜色，因为这会使他们错误的把雕像看成活的，常常就这样猝然撞入他们的眼帘。一般来说，所有人们称之为得体的东西都是形式，也就是吸引人的外在形象。

25. 生命中的最后一天

◉ 奥格·曼狄诺

假如今天是我生命中的最后一天。

我要如何利用这最后、最宝贵的一天呢？首先，我要把一天的时间珍藏好，不让一分一秒的时间无端浪费。我不为昨日的不幸叹息，过去的已够不幸，不要再赔上今日的运道。

时光会倒流吗？太阳会西升东落吗？我可以纠正昨天的错误吗？我能抚平昨日的创伤吗？我能比昨天年轻吗？一句出口的恶言，一记挥出的拳头，一切造成的伤痛，能收回吗？

不能！过去的永远过去了，我不再去想它。

假如今天是我生命中的最后一天。我该怎么办？忘记昨天，也不要痴想明天。想着明天的种种，今天的时光也将白白流逝了。明天是一个未知数，为什么要把今天的精力浪费在未知的事情上？

企盼今早的太阳再次升起，太阳已经落山。走在今天的路上，能做明天的事吗？我能把明天的金币放进今天的钱袋里吗？

明日瓜熟，今日能蒂落吗？明天的死亡能将今天的欢乐蒙上阴影吗？我何必担心未知的东西呢？明天和昨天一样被我埋葬。我不再想它，今天是我生命中的最后一天。

这是我仅有的一天，是现实的永恒。我像被赦免死刑的囚犯，用喜悦的泪水拥抱新生的太阳。我举起双手，感谢这无与伦比的一天。

当我想到昨天和我一起迎接日出的朋友，今天已不复存在时，我为自己今天的幸存而感激上苍。我是无比幸运的人，今天的时光是额外的奖赏。

许多强者都先我而去，为什么我得到这额外的一天？是不是因为他们已大功告成，而我尚在途中跋涉？如果这样，这是不是成就我的一次机会，让我功德圆满？造物主的安排是否别具匠心？今天是不是我超越他人的时机？

今天是我生命中的最后一天。

生命只有一次，而人生也不过是时间的累积。我若让今天的时光白白流逝，就等于毁掉人生最后一页。因此，我珍惜今天的一分一秒，因为它们将一去不复返。我无法把今天的时间存入银行，明天再来取用。时间像风一样不可捕捉。每一分一秒，我要用双手捧住，用爱心抚摸，因为它们如此宝贵。垂死的人用毕生的钱财都无法换得一口生气。时间无法计算价值，它们是无价之宝！

今天是我生命中的最后一天。

我憎恨那些浪费时间的行为。我要摧毁拖延的坏习惯。我要以真诚埋葬怀疑，用信心驱赶恐惧。我不听闲话、不游手好闲、不与不务正业的人来往。我终于醒悟到，若是懒惰，无异于从我所爱之人手中窃取食物和衣裳。我不是贼，我有爱心，今天是我最后的机会，我要证明我的爱心和伟大。

今天是我生命中的最后一天。

今日事今日毕。今天我要趁孩子还小的时候，多加爱护，明天他们将离我而去，我也会离开。今天我要深情地拥抱我的妻子，给她甜蜜的热吻，明天她会离去，我也是。今天我要帮助落难的朋友，明天他不再求援，我也听不到他的哀求。我要乐于奉献，因为明天我无法给予，也没有人来领受了。

今天是我生命中的最后一天。

如果这是我的末日，那么它就是不朽的纪念日，我把它当成最美好的日子。我要把每分每秒都化为甘露，一口一口，细细品尝，而且满怀感激。我要每一分钟都有价值。我要加倍努力，直到精疲力竭。即使这样，我还要继续努力。我要拜访更多的顾客，销售更多的货物，赚取更多的财富。今天的每一分钟都胜过昨天的每一小时，最后的也是最好的。

假如今天是我生命中的最后一天。

如果不是的话，我要跪倒在造物主面前，深深致谢。

26. 论命运

◉ 伏尔泰

"我们将永远拥有激情和偏见,因为受偏见和激情支配的是我们的命运。"

《荷马史诗》是所有流传下来的西方书籍中最古老的史诗。正是在《荷马史诗》中我们发现了不敬神的古代风俗、世俗的英雄和以人的形象出现的世俗的诸神。在这部史诗里,我们发现了哲学的开端和命运的概念,因为命运是诸神的主人,诗里的诸神是世界的主人。

当高尚的赫克托耳坚持要和高尚的阿基里斯战斗,并且为增加活力绕城去长跑三圈;当荷马把追逐赫克托耳、步履轻捷的阿基里斯比作一个在睡觉的人时(达西埃夫人对这段描写的艺术和深刻含义心醉神迷地欣赏);朱庇特想拯救赫克托耳,便请教了命运,他在天平上称了赫克托耳和阿基里斯的命运,他发现这个特洛伊人注定要被这个希腊人杀掉,他无法抵抗。从那时起,赫克托耳的保护神阿波罗就被迫抛弃了他。

荷马的诗歌里确实含有大量截然相反的思想,这在古代是允许的,可他是第一个描写了命运这个概念的人。因此,这个概念在他的时代必定是非常流行的。

然而,犹太人一直到七百年后才由他们中的法利赛人接受了命运的概念,因为这些法利赛人是第一批识字的犹太人,他们自己也刚刚出现不久。在亚历山大,他们把斯多葛派的部分教义和古代犹太人的思想混合了起来。圣哲罗姆甚至断言他们的教派不比公元早多少时候。

哲学家们不需要用《荷马史诗》和法利赛人来使自己相信：所有事件都是由不可改变的规律制约的，是客观规律决定的，不管事物如何发展，最后都是一个必然的结果。

世界要么靠它的自然规律而存在，要么是一个万能的主根据他至高无上的规律来主宰。在这两种情况下，这些规律都是不可改变的，而且一切都是必然的。重体向地心落，它不能停留在空中；梨树绝对长不出菠萝；长毛垂耳狗的本能不可能是鸵鸟的本能。一切都是冥冥中安排好了的，谁也不能更改。

人类有一定数量的牙齿、头发和思想，但有一天他必须失去牙齿、头发和思想。

昨天的情况不代表昨天，今天的情况不代表今天，这种说法是矛盾的，说必然发生的事不一定发生也是矛盾的。

如果你能改变一个苍蝇的命运，就没有什么东西能阻挡你创造所有其他苍蝇、所有其他动物、所有人和所有自然的命运。当一切都做到以后，你就会发现你自己比上帝更强大。

傻瓜说："我的医生把我的姊姊从一个绝症中救活了，他使她比命中注定的要多活了10年。"又一个傻瓜说："谨慎的人创造自己的命运。"

"如果我们明智的话，命运就不会有神力。是我们让她成了女神，并把她放在天堂里的。"

"命运什么都算不上，不要去崇拜。谨慎是我们唯一应该向之祈祷的神。"

但是谨慎的人根本不能创造自己的命运，他们往往是屈服于命运的，也就是说谨慎的人是由命运创造的。

自作聪明的政治家们说，如果克伦威尔、拉德路·敦尔顿和其他十几个国会议员在查理一世被砍头前一周被谋杀，这个国王就会继续活下去，并在床上寿终正寝。他们说得对，而且他们也能宣称：如果整个英国被大海淹没，这个君主就不会死在断头台上。然而事情却是这样安排的——查理一世必须被砍头。

多塞特红衣主教无疑比一个疯子要更谨慎，可是聪明的奥萨特的器官和疯子的器官构造是不同的，就像狐狸的器官和鹤与云雀的器官不同一样，这难道不是很明显的吗？

你的医生救了你婶婶的命，可他这样做只不过是适从了自然的意愿，他只是服从了它。很显然，你的婶婶不能阻止自己出生在一个特定的镇上，她不能阻止自己在一个特定的时间生某种疾病。而那个医生也只能在他所在的镇上，你的婶婶不得不去请他，他不得不去治她的病。

农民认为，冰雹是偶然落到他田里的，可哲学家知道没有偶然，由于世界是按某种规律组成的，冰雹不可能不在那天落到那个地点上。

有些人害怕这个真理，只接受一半，就像欠债的人把一半钱还给债主，要求免掉剩下的一半那样。他们说，有必然的事件，还有其他不是必然的事件。这个世界的一部分是安排好的，另外一部分则不是。如果说一部分是必然发生的，另一部分则不是必然发生的，有这种想法是可笑的。当人们仔细研究这一点时，就可以看到，反对命运的学说是荒谬的。可有许多人命中注定其思考能力很差，而其他人命中注定根本不需要思考，还有人命中注定要迫害思考的人。

也有人说："不要相信宿命论，因为，如果一切都显得是不可避免的，你就不会致力于任何事，你就会对一切都漠不关心。你将不会喜爱财富、荣誉和赞美；你将什么也不干即可获得任何东西；你将相信自己既没有价值，也没有力量；你将不去培养才能；一切将在漠然中消失。"

先生们，不要担心！我们将永远拥有激情和偏见，因为受偏见和激情的支配是我们的命运。我们非常清楚：能否拥有许多优点和杰出才能并不取决于我们自己，就如同能否拥有一头秀发和漂亮的手不取决于我们自己一样。虽然我们不该对任何事情存有虚荣心，可我们是永远离不开虚荣心的。

人干某事必定有一定的激情。我写这文章时有激情，而你谴责我时也有激情，我们两人都同样愚蠢，我们都被笼罩在命运这个巨大的网中，我们都是命运的玩物。你的本性是作恶，我的本性是热爱真理，不管你的看法如何，我都要把真理写出来。

在窝里吃老鼠的猫头鹰对夜莺说："不要在你那棵荫凉的树上唱歌了，到我洞里来让我吃掉你。"夜莺回答说："我生来就是为了在这里唱歌并嘲笑你的。"

你问我自由意志的情况如何，我不明白你的意思，因为我不知道你说的这个自由意志是什么。关于它的本质，你和别人已争论了这么长时间，因此你肯定不知道它。如果你想心平气和地和我探讨它是什么，或者说如果你愿意这么做，那么你应先去翻翻词典，仔细研究一下这个词条的意思再说。

27. 论奢侈

● 伏尔泰

两千年来，人们在诗文中雄辩地攻击奢侈，但一直热爱奢侈。

最早的罗马人蹂躏并毁灭沃尔西人和萨谟奈人贫穷的村庄，抢劫他们的收获以增加他们自己贫穷村庄的财富。有关这些强盗的事，每个人都可以说出很多。他们是无私的、有道德的人！他们还没偷金银珠宝，因为在他们洗劫的地方还没有这些东西。他们的树林和沼泽地里没有鹧鸪和石鸡，他们的节制受到赞扬！

当他们渐渐地抢走了从亚德里亚海最远端到幼发拉底河这片地区的一切，并有足够的理智享受抢劫的果实达七八百年之后；当他们培养了各种艺术，品尝了各种快乐，甚至使得被征服的民族也品尝这些快乐时，据说这时他们就不再明智和正直了。

所有这些攻击无非是想证明这样一个道理：一个贼不能吃他偷来的饭，穿他偷来的衣，或者戴上他抢来的戒指。据说，如果贼想做一个诚实的人，就应该把所有这些都扔进河里。这样还不如说不应该偷窃。当强盗们抢劫时可以给他们判罪，但是当他们在享受他们抢来的物品时却不能叫他们疯子。老实说，当大批英国水兵在攻克了本地治里和哈瓦那因而发财时，以及后来在伦敦享受他们在亚洲、非洲尽头历尽千辛万苦换来的欢乐时，他们这样做错了吗？

其实，夸夸其谈的人只是想让通过战争、农业、贸易和工业积累起来的财富埋藏起来。他们举了雷斯地蒙的例子。他们为什么不援引圣马力诺共和国的例子呢？斯巴达对希腊有什么用？斯巴达有过狄摩西尼、索福克勒斯、阿佩莱斯或菲迪亚斯吗？雅典的奢侈产生了各种各样的人。斯巴达有过一些军事家，但即使是军事家也比其他城邦少。就这样吧！让一个像雷斯地蒙这样的小共和国保留它的贫困。无论是一无所有，还是享受了生活中一切美妙的事物，反正谁也逃不脱死亡。加拿大的野蛮人也能像年收入为五万基尼（旧英国金币）的英国公民一样活到老年。但是，谁也不会把易洛魁人的国家和英国相提并论。

就让拉古萨共和国和楚格县制定禁止奢侈、浪费的法律吧。他们是对的，穷人不能入不敷出，这是必要的，但我在某处看到这样的话：

"首先要明白奢侈会使一个大国富裕，虽然它会毁掉一个小国家。"

如果你认为奢侈是过分的，那么人人都知道，无论是过分节欲、过分贪食、过分节俭还是过分慷慨，任何过分的行为都是有害的。我不知道我的村庄怎么会发生这样的事：那里的土地是荒瘠的，赋税很重，禁止出口我们种的小麦的命令是令人难以容忍的。然而，几乎每一个农夫都有布做的好衣服，并感觉吃得很不错。如果农民在种地时涂脂抹粉、烫卷头发、穿着白亚麻布做的好衣服，这肯定是最大的也是最不恰当的奢侈。但是巴黎或伦敦的市民穿着像农民一样的衣服去看戏，那就是最粗野的、最荒谬的吝啬了。

"所有的事情都有分寸和限度。善德既不能超过，也不能达不到。"

剪刀肯定不是最古老的东西。当它被发明出来时，剪指甲并把垂到鼻子上的头发剪去一部分时，人们横加指责，什么话没有说过呢？

他们无疑要被叫作花花公子和浪荡子，花高价买一个无益的工具去破坏造物者的劳动。去剪短上帝使它在我们指端生长的角质是多么大的罪过！这是对上帝的污辱。当衬衫和袜子被发明时，情况变得更糟。从没穿过袜子和衬衫的年老的地方议员，是如何狂怒地叫嚣，并反对向这种致命奢侈品屈服的年轻的地方行政长官，这种场面很少有人能想像得到。

28. 美的真谛

◎ 邦达列夫

什么是美的真谛？是否是人对大自然反映的感知？

有时候我想，假若地球无可补救地变成了一个"无人村"，在城市的大街上，在荒野的草地上，没有人的笑声、说话声，甚至没有一声绝望的叫喊，那么这宇宙中鲜花盛开的神奇花园，连同它的日出日落、空气清新的早晨、星光闪烁的夜晚、冰冻的严寒、炎热的太阳、七月的彩虹、夏秋的薄雾、冬日的白雪将又会是一种怎样的景象呢？我想，在这空旷的冰冷的寂静中，地球立即会失去作为宇宙空间里人类之舟和尘世谷地的最高意义，而且它的美丽也将毫无意义，消失得无影无踪。因为没有了人，美也就不能在他的身上和意识里反映出来，不能被他所认识。难道美能被其他没有生命的星球去感知、去认识吗？

美更不可能自我认识。美中之美和为美而美是毫无意义的，是荒谬的和不切实际的。事实上这就像为理智而理智一样，在这种消耗性的内省中没有自由的竞争，没有吸引和排斥，没有生命的参与，因而它注定要消亡。

美必须要有反映，要有明智的评价者，有善良或赞赏的旁观者。须知美感——这是对生活、爱和希望的感受——是对永生的臆想和信心，会唤起我们生的愿望。

美与生命连在一起，生命与爱连在一起，而爱则和人类连在一起。

一旦这些联系的纽带中断，大自然中的美就会和人类一起灭亡。

死亡是地球上最后一位艺术家所写的书，尽管他充满了最富有天才的和谐的美，也只是一堆废纸和垃圾至多只能算是无人欣赏的一堆垃圾。因为书的目的不是对着虚无喊叫，而是在另一个人心灵中引起反应，是思想的传递和感情的转移。

汇集了全部美的世界上所有的博物馆，所有的绘画杰作，如果离开了人类，看起来就像是一些可怕的、五颜六色的破板棚。

没有人类，艺术的美会变得丑陋怪诞，就是说变得比自然的丑更无法忍受。

29. 人的信念

◉ 邦达列夫

为什么给人的期限不是九百年，而是七十年？为什么青春是如此闪电般迅速和短暂？为什么衰老又是如此漫长？对于这些问题，我们恐怕不能解释，也无法找到答案。有时善与恶不能分离，就像原因和结果一样。无论这是多么痛苦，但是却不值得去重新评价人对自己在地球上的位置的理解——大多数人都没有被赋予去认识生存意义、认识自己生命意义的能力。如果想有根据地说你生活得正确与否，那么，你一定得度过赋予你的生命的期限。怎样按别的方式思考这个问题呢？是用可能性和教益性的命中注定的抽象思辨吗？

人是地球这粒尘嚣中极微小的一分子，从宇宙的高度是根本看不见他的，而且他自己不能认识自己。但是，人却总是不愿意承认这个事实，因而粗鲁地深信他能了解宇宙的秘密和规律，当然也就能使它们服从自己日常的利益。

难道人不知道自己命中注定是要死亡的？实际上，在他的意识中只是偶尔闪现这个令人不安的想法，而且，他总是在摆脱这个想法，他以希望聊以自慰，总想着：不，那不祥的、不可避免的事情在明天不会发生，还有的是时间，还有十年，五年，二年，一年，还有几个月……

尽管大多数人的生活并不是由巨大的痛苦和巨大的欢乐所组成，而是由劳动的汗味和简单的肉体满足所组成，不过，人们还是不想和生命分手。但在这一切的同时，许多人却是以无底的塌陷将他们相互分隔开来，只有经常会折断的爱和艺术的细竿有时会将他们联结到一起。

但是，由清醒的理智和想像所产生出来的人类意识终究包含着整个宇宙，包含着它星星般发出的种种神秘的冰凉的恐怖，也包含着人的诞生及短暂生命的具有规律的偶然性悲剧。但即使这样，不知为什么也没有引起绝望，也没有使他的行为具有毫无意义的枉然感，这就像聪明的蚂蚁总是不停止它们孜孜不倦的工作，显然，它们是为了让工作有用而操心。

人似乎觉得他在地球上有至高无上的权力，所以他确信他是不朽的。长期以来，他一直没有意识到，夏天会变为秋天，青春会变为衰老，甚至最亮的星星也会熄灭。在他的信念里的是运动、能量、行为和热情的动力，而在他的傲慢里的是观众的轻率。他深信，生活的影片将会放映下去，而且会不断地持续放映。

30. 从意识开始

◉ 托尔斯泰

　　常有人思考，也常有人议论说：抛弃个人的幸福是人的长处，人的功勋。实际上，抛弃个人的幸福——不是人之所长，也不是功勋，而是人的生命不可缺少的条件。在人意识到自身是一个同整个世界相分离的躯体的时候，他认识到别的躯体也与全世界分离着，他就能理解人们彼此间的联系，也能理解自己躯体的幸福只是幻影。这时他才能理解只有能使理性意识满足的幸福，才是唯一现实的。

　　对于动物来说，不以个体幸福为目的的，与这个幸福相矛盾的动作都是对生命的否定。但是对人来说，恰恰相反，那种目的只在于获得躯体幸福的活动，是对人类生命的完全的否定。作为动物，没有理性意识向它揭示它的充满了痛苦、终有止境的生命，对它来说，躯体的幸福及由此而来的种族延续就是生命的最高目的。对于人来说，躯体只是生命存在的阶梯。人生的真正幸福，只是从这里展现出来。这个幸福同躯体的幸福不同。

　　对人来说，对躯体的意识不是生命，而是一条界线，人的生命就是从这里开始的。人的生命完全在于更多地获得人本身所应有的、不依赖于动物性躯体幸福的幸福。

　　按照流行的生命观念，人的生命是他的肉体从生到死的这段时间。但是这并不是人类的生命，这只是作为动物的肉体的生命存在。说人的生命是某种只出现在动物性生命中的东西，就像是说有机体的生命是某种只在物质的存在中表现出来的东西。

人最初会把那些看得见的肉体的目的当做是生命的目的。这个目的看得见，因此也让人觉得是可以理解的。

人的理性意识向他揭示的目的反倒被认为是不可理解的了，因为它们是看不见的。否定看得见的东西，献身于看不见的东西，对此人们总觉得可怕。

对被世间渗水染满全身的人来说，那些自动实现着的、在别人和自己身上都是可见的动物性要求，似乎是简单的、明确的。而那些新的不能看见的理性意识的要求则被认为是相反的，这些要求的满足不能自然而然地得到完成，而是应当让人自觉地实现，因此它变得复杂，变得不明晰。抛弃看得见的生命观念，献身于看不见的意识，这自然要令人惊异害怕。就好像孩子若能感到自己的出生，他会感到同样的惊异和害怕，但是有什么办法呢？一切都很明显，也必然发生。看得见的观念引向死亡，唯有看不见的意识才提供永恒的生命。

31. 毁灭

● 托尔斯泰

动物性的躯体停止呼吸的时候，我作为真正的人类并不随着最后一个意识的消灭而消灭。就像每天的入睡不能消亡一样，任何人都是从来就不怕睡觉的，尽管睡梦中会出现和死亡完全一样的情形：意识中止。这不是因为他想过了，而是因为过去入睡后他总是又苏醒，所以他认为还会再醒过来的。事实上这个推断是不正确的，他可以一千次睡醒，而在第一千次时醒不了。但是任何人、任何时候都不进行这种推理，而这个推理也不可能安慰他，因为人们都知道，他的真正的我是超时间存在的，因此他的生命绝不会被那种暂时出现的意识中断所破坏掉。

假如一个人睡着了，就像神话中说的那样，睡了一千年，他会睡得很安静，就像只睡了两个小时。对于非时间性的、但真正的生命来说，中断一百万年和中断八个小时是完全没有什么区别的，因为对于真正的生命来说，时间根本不存在。

肉体毁灭了，今天的意识也就毁灭了。

但是，现在人们应该习惯于自己肉体的改变和意识的替换。要知道，这种变化从人们刚出娘胎就开始了，而且从不间断。对于自己肉体的变化，人们不仅不害怕，反而更经常地希望这种变化加快，他们总希望长大、恢复健康。人曾经是一块红色的肉，他的意识全部在于胃的要求，而现在他却变成了一个长着胡子的有理性的男人，或者成了一个喜爱孩子的妇女。

要知道，无论在人的肉体中，还是在意识中，都没有任何相似的东西，可是使人成为现在这种状态的变化却不会让他感到害怕，而只是欢迎这个变化。即将来临的变化有什么可害怕的呢？难道它就是毁灭？但是要知道，那个所有转变都以之为根据发生的东西——即对世界的独特关系，这构成了真正生命的东西，并不是同肉体诞生一起开始的，而是在肉体之外、时间之外的。既然如此，时空之外的东西怎么能被时间与空间的变化所毁呢？

人总把目光放到自己生命中最微小的部分，害怕这种微小的、他十分欣赏的一小部分从他眼光中消失，却从来都没有希望观察它的整体。这会使人想起一个疯人的笑话，他幻想自己是玻璃制成的，当别人把他摔倒的时候，他就大叫"哗啦"！并马上死掉了。倘若人们想获得生命，就应当抓住自己生命的全部，而不应当只抓住生命的只在空间和时间上出现的微不足道的部分。抓住了全部生命的人会不断地补充生命，而对于只抓住了生命的一部分的人来说，他们本来具有的东西也会被剥夺。

32. 人的伟大

◉ 帕斯卡

人的伟大源于思想。

人是自然界最脆弱的东西，犹如一根苇草。用不着整个宇宙都拿起武器来才能毁灭，一口气、一滴水就足以致他于死地了。但是，他是一根能思想的苇草，纵使宇宙毁灭了他，人却仍然要比致他于死命的东西高贵得多，因为他知道自己要死亡，以及宇宙对他所具有的优势，而宇宙对此却是一无所知。

所以，思想是我们全部的尊严。正是如此我们才必须提高自己，而不是因为我们所无法填充的空间和时间而要求自己提高。因此，我们要努力好好地思想，这才是道德的原则。

能思想的苇草——人绝不是求之于空间，而是求之于自己的思想的规定。换一句话来说，就是应该追求自己的尊严。我占有多少土地都不会有用；由于空间，宇宙便囊括了我并吞没了我，犹如一个质点；由于思想，宇宙却被我囊括了。

人既不是天使，又不是禽兽，但不幸就在于想表现为天使的人却表现为禽兽。

人的尊严源于思想。

因此，思想由于它的本性，就是一种可惊叹的、无与伦比的东西。它一定得具有出奇的缺点才能为人所蔑视，然而它又确实具有，所以与其他事相比，这是最荒唐可笑的了。思想由于它的本性是何等的伟大啊！思想又由于它的缺点是何等的卑贱啊！

然而，这种思想又是什么呢？它是何等的愚蠢啊！

人能够认识自己的可悲，所以人是伟大的。一棵树并不认识自己的可悲，所以它不能与人比。

因此，认识自己的可悲乃是可悲的，然而，认识我们之所以为可悲却是伟大的。

这一切的可悲的本身，就证明了人的伟大。它是一位伟大君主的可悲，是一个失了地位的国王的可悲。

没有感觉，我们就不会可悲，一栋破房子就不会可悲，只有人才会可悲。

人的伟大——我们对于人的灵魂具有一种如此伟大的观念，以致我们不能忍受它受人蔑视，或不受别的灵魂尊敬，而这种尊敬，恰好给予人以全部的幸福。

很显然，人的伟大是那样地显而易见，甚至于从他的可悲里也可以得出这一点来。因为在动物身上是天性的东西，我们人则称之为可悲；由此我们便可以认识到，人的天性既然有类似于动物的天性，那么人就是从一种为他自己一度所固有的更美好的天性里面堕落下来的。

若不是一个被废黜的国王的可悲，有谁会由于自己不是国王就觉得自己不幸呢？人们会觉得保罗·哀米利乌斯不再任执政官就不幸了吗？正相反，所有的人都觉得他已经担任过了执政官乃是幸福的，因为他的情况就是不得永远担任执政官。然而，因为柏修斯的情况是永远要做国王的，所以人们觉得柏修斯不再做国王却是如此之不幸，以至于人们对他居然能活下去感到惊异。谁会由于自己只有一张嘴而觉得自己不幸呢？谁又会由于自己只有一只眼睛而不觉得自己不幸呢？谁又会由于自己没有三只眼睛而感到难过的呢？我们也许都不曾听说过，可是，若连一只眼睛都没有，那就怎么也无法慰藉了。

在已经证明了人的卑贱和伟大之后，现在就让人尊重自己的价值吧。让他热爱自己吧，因为在他身上有一种足以美好的天性；可是让他不要因此也爱自己身上的卑贱吧。让他鄙视自己吧，因为这种能力是空虚的；可是让他不要因此也鄙视这种天赋的能力。让他恨自己吧，让他爱自己吧，他的身上有着认识真理和可以幸福的能力；然而无论是永恒的真理，还是满意的真理，他却根本就没有获得过。

因此，我要引导人渴望寻找真理，并且只要他能发现真理，就准备摆脱感情而追随真理，既然他知道自己的知识是彻底地为感情所蒙蔽，我要让他恨自身中的欲念，因为欲念本身就限定了他。这样一来，欲念就不至于使他盲目做出自己的选择，并且在他做出选择之后不至于妨碍他。

33. 论消遣

◉ 帕斯卡

人是不幸的，不幸到即便没有任何可以令他感到无聊的事时，他也会因其自身的原因感到无聊，同时他又是那么虚浮，以致于虽然充满着千百种无聊的根本原因，但只要有了最微小的事情，例如打中了一个弹子或者一个球，就足以使他开心了。

然而，请你说说，他的这一切都是基于什么原因呢？无非是明天好在他的朋友们中间夸耀自己玩得比另一个人更高明而已。同样，也有人在自己的房间里满头大汗，为了好向学者们显示自己已经解决了此前人们所一直未能发现的某个代数学问题。还有更多的人冒着极大的危险，为的是日后好夸耀自己曾经攻打过某个地方。最后，还有人耗尽自己毕生的精力在研究某一事物，而这并不是仅为了增加智慧，最重要的是为了要显示自己懂得这些事物，而这种人是所有这帮人中最愚蠢的了，因为他们是有知识而又愚蠢的。反之，我们却可以想到另外的那些人假如也有这种知识的话，他们就不会再是这么愚蠢。

每天都赌一点彩头，这样的人度过自己的一生是很有情趣的。但假如你每天早晨都要给他一笔当天他可能赢到的钱，条件是绝不许他赌博，那你可就要使他不幸了。也许有人要说，他所追求的乃是赌博的乐趣而并非赢钱，那么就让他来玩不赢钱的赌博，可他却一定会感到毫无趣味而且无聊不堪的。所以，他所追求的就不仅是娱乐，一种无精打采的、没有热情的娱乐会使他感到乏味的。他一定要感到热烈，并且要欺骗他自己，幻想着获得了在根本不赌博的条件之下别人能给他的那些东西自己就会幸福，从而他就得使自己成为激情的主体，并且为了达到自己所提出的这个目标而在这方面刺激自己的愿望、自己的愤怒和恐惧，就如同是小孩子害怕自己所涂出来的鬼脸一样。

几个月之前刚丧失了自己的独生子，并且今天早上还被官司和诉讼纠缠着而显得那么烦恼的那个人，此刻好像把这些事都忘记了，这是什么缘故呢？你用不着感到惊讶，他正在专心琢磨六小时以前猎狗追得起劲的那头野猪跑到哪里去了，此刻他别的什么都不再需要。一个人无论是怎样充满忧伤，但只要我们能掌握住他，使他钻进某种消遣里面去，那么他的忧伤就会被专注和快乐所取代。而一个人无论是怎样幸福，但假如他并没有通过某种足以防止无聊散布开来的热情或娱乐而使自己开心或沉醉，他马上就会忧伤和不幸的。没有消遣就绝不会有欢乐，有了消遣就绝不会有悲哀。而这也就是构成有地位的人之所以幸福的那种东西了，他们有一大群人在使他们开心，并且他们也有权力来维持自己的这种状态。

请相信这一点吧！作了总监、主计大臣或首席州长的人，要不是其所处的地位使从一清早就有来自四面八方一大群人不让他们在一天之内可以有一刻钟想到他们自己，他们一定会有无尽的烦恼，但公务琐事拖住了他们，使他们无暇自顾。可是，当他们倒台之后，当他们被贬还乡的时候——回乡之后，他们既没有财富，又没有仆从来伺候他们的需要——他们就不能不是穷困潦倒的了，因为已经再没有人来阻止他们想到自己。

那个因为自己的妻子和独子的死亡而那么悲痛的人，或是一件重大的纠纷使得他苦恼不堪的人，此刻一脸泰然的样子，居然能摆脱一切悲苦与不安的思念，这又是什么缘故呢？我们用不着感到惊异，是别人此时给他打过来一个球，他必须把球打回给对方，他一心要接住上面落下来的那个球，好赢得这一局。他既是有着这另一件事情要处理，你怎么能希望他还会想到他自己的事情呢？这是足以占据那个伟大的灵魂的一种牵挂，并足以排除他精神中的其他一切思念。这个人生来是为了认识全宇宙的，生来是为了判断一切事物的，生来是为了统治整个国家的，而对捕捉一只野兔的关心就可以占据了他，使他无所分心。但假如他不肯把自己降低到这种水平，并且希望永远都在紧张着，那么他无非是格外的愚蠢不堪而已，因为他在想使自己超乎人类之上，而这必然会使他生活得异常累。换一句话说，他既不能做什么却又能做得很多，既能做出一切却又不能做任何事，他既不是天使，也不是禽兽，而只是人。

　　人们可以专心一意地去追一个球或者一只野兔，这甚至于也是国王的乐趣。

　　君王的尊严是不是其本身还不够大得足以使享有这种尊严的人仅仅观照自己的所有，就可以幸福了呢？他是不是一定也要排遣这种思念，做得同普通人一样？我确实看到过，有人排遣了自己家庭的困苦景象而一心想念着好好跳舞，以便把自己的全部思想充满，而使自己幸福。然而，一个国王是否也能这样做呢？他追逐这些虚浮的欢乐，是不是要比鉴赏自己的伟大更加幸福呢？人们还能向他的精神提供更加称心满意的目标吗？使自己的灵魂专心一致按着曲调的拍子来调节自己的步伐，或者是准确地打出一个球，而不是安详地享受自己的帝王待遇，这难道不会有损他的欢娱吗？让我们做个试验吧：假设我们让国王没有任何感官上的满足，没有任何精神上的操心，没有伴侣，一味悠闲地只思念着自己，于是我们便会看到，一个国王缺少了消遣也会成为一个充满了愁苦的人，因而人们才小心翼翼地要避免这一点。于是在国王的身边便永远都少不了有一大群人，他们专门使消遣紧接着公事而来，他们无时无刻不在注视着国王的闲暇，好向国王提供欢乐和游戏，从而使他绝不会有空闲。这也就是说，国王的周围环绕着许多人，他们费尽心机地防范着国王单独一个人陷到思念其自身里面去。因为他们十分清楚，尽管他是国王，但假如他思想其自身的话，他仍然会愁苦的。

我谈到基督教国王的这一切时，绝不是把他们当作基督徒，而仅仅是当作国王。

人从很小的时候就操心着自己的荣誉、自己的财富、自己的朋友，甚至于自己朋友的财富和荣誉。我们把业务、学习语言和锻炼都压在他们身上，并且我们还使他们懂得，除非是他们的健康、他们的荣誉、他们的财富以及他们朋友的这些东西都处境良好，否则他们就不会幸福，并且只要缺少了任何一项就会使他们不幸。我们就这样给他们加以种种负担和事务，使得他们从天一亮就苦恼不堪。你也许会说，这是一种可以使他们幸福的奇异方式！那我们还能做什么使他们不幸呢？啊！我们还能做什么呢？我们只要取消这一切操心就行了，因为这时候他们就会看到他们自己，他们就会思想自己究竟是什么，自己从何而来，自己往何处去，这样我们就不能使他们过分地分心或转移注意了。而这就是何以在为他们准备好那么多的事情之后，假如他们还有富余时间的话，我们就还要劝他们从事消遣、游戏并永远要全心全意地有所事事的缘故了。

34. 论灵魂不朽

◉ 帕斯尔

　　无论从哪一方面来讲，灵魂不朽对我们的作用都是重要深远的，因此若是对于了解它究竟是怎么回事竟然漠不关心的话，那就必定是冥顽不灵了。我们全部的行为和思想都要随究竟有没有永恒的福祉可希望这件事为转移而采取如此之不同的途径，我们的行为及观念也要通过成为我们最终目标的观点来调节，否则我们就不可能具有意义和判断而向前迈进。

　　因此，阐明我们的行为所依据的主题就要通过我们的兴趣和义务来完成。而这就正是何以我要在那些没有被说服的人们中间划出一种极大的区别的原因，我要将那些竭尽全力在努力求知的人和那些不学无术、思想麻痹而生活下去的人区别开来。

　　对于那些怀疑这一观点而为之叹息的人，我对他们的行为感到惋惜，他们把它视为最终的不幸，并且不惜一切以求摆脱它；他们把这场寻求当作是他们最主要的而又最严肃的事业。

　　然而思想麻痹、不思人生的人，他们仅仅由于不能在他们自己身上发现那种可以说服他们的光明，便不肯再到别的地方去寻求，他们不肯从根本上去考察这种意见是不是人们出于单纯的轻信而加以接受的一种意见，抑或是尽管它们本身幽晦难明，然而却具有非常之坚固的、不可动摇的基础的一种意见。对于他们，我的态度完全不同，思考方式也有所改变。

对于涉及他们的各方面的事情，采取这种粗疏无知的态度，这使我恼怒更甚于使我怜悯。它使我惊异，在我看来它就是恶魔。我这样说的目的并不是出于信仰上的虔诚。反之，我是说我们应该出于一种人世利益的原则与一种自爱的利益而具有这种感情。关于这一点，我们只消看一看最糊涂的人都能看到的东西。

要理解这种观点不需要有特别高明的灵魂。这里根本就不会有什么真正而牢靠的心满意足，我们全部的欢乐都不过是虚幻，我们的苦难是无穷无尽的，而且最后还有那无时无刻不在威胁着我们的死亡，它会准确地、毫不犹豫地将我们置于那种不是永远消灾就是永远不幸的可怕境地。

没有什么比这更真实而又比这更恐怖的事情了。纵使我们能做到像我们所想像的那样英勇，然而在等待着世上最美妙的生命的归宿却是如此。在充分地思考整件事后，我们要说：在这个生命中除了希望着另一个生命而外就再没有任何别的美好，我们只是随着我们之接近于幸福才幸福，而且正如对于那些对永生有着完全保证的人就不会再有不幸一样，对于那些对永生没有任何知识的人也就绝不会有幸福可言，这些不都是勿庸置疑的吗？

我们得到的结论是：持怀疑观点是错误的，可是当我们处于这种怀疑状态的时候，至少进行寻求却是一桩不可缺少的义务，所以那种既有怀疑而又不去寻求的人，就十足地既是非常不幸而又是非常不义的了。假如他对他的观点确信无疑，公然以此自命，并且甚至引以为荣，假如成为他的快乐和他的虚荣的主题的就是这种状态本身，那么我对这种肆无忌惮的生物无话可说。

我们怎么可能怀有这种感情呢？除了无从解脱的悲惨而外就不能期待别的，这里面又能有什么快乐可言呢？眼看自己处于无法钻透的蒙昧之中，又有什么虚荣可言呢？如下的这种推理是怎么可能发生在一个有理智的人的身上的呢？

"我不知道是谁把我安置到世界上来的，也不知道世界是什么，我自己又是什么？我对一切事物都几乎一无所知。我不知道我的身体是什么，我的感官是什么，我的灵魂是什么，以及甚至于我自己的那一部分是什么——那一部分在思想着我所说的话，它对一切、也对它自身进行思考，而它对自身之不了解几乎等同于对其他事物。我看到整个宇宙的恐怖的空间包围了我，我发现自己被附着在那个广漠无垠的领域的一角，而我又不知道我被安置在这一地点的理由，也不知道何以使我得以生存的这一小点时间要把我固定在这一点上，而不是在先我而往的全部永恒与继我而来的全部永恒中的另一点上。我看见的只是各个方面的无穷，它把我包围得像个原子，又像昙花一现那样稍纵即逝。我所明了的全部，就是我很快就会死亡，然而我所谓最无知的又正是这种我所无法逃避的死亡本身。

"正像我不知道我从何而来，我同样也不知道我该去向何处，我仅仅知道在离开这个世界时，我就要永远地归于乌有，或是落到一位愤怒的上帝的手里，我并不知道这两种状况哪一种应该是我永恒的成分。这就是我的情形，脆弱和不确定的状态。由这一切，我得出结论：我应该不再梦想去探求将会降临我头上的事情而度过我一生全部的日子。也许我会在我的怀疑中找到迷失的方向，但是我不肯费那种气力，也不肯迈出一步去寻求它，然后，在满怀鄙视地看待那些究心于此的人们的同时，我愿意既不要预见也没有恐惧地去碰碰这样一件大事，并让自己在对自己未来情况的永恒性无从确定的情形之下，愤慨地被引向死亡。"

谁愿与这样讲话的人接近呢？谁会从人群中间挑出他来，好向他倾谈自己的事情呢？谁会在自己的苦痛之中求助于他呢？而且最后，我们又能指望他的一生有什么用处呢？

35. 生命——心灵

◉泰戈尔

一

我的窗前是一条红土路。

路上鳞鳞地走过拉货的牛车；绍塔尔族姑娘头顶着小山似的稻草去赶集，黄昏时分归来，身后甩下一大串银铃般的笑声。

而今我的思绪不在人走的路上驰骋。

我一生中，为棘手的难题犯愁的、朝着确定的目标奋进的动荡的岁月，已经埋入往昔。如今身体欠佳，心情淡泊。

大海的表面波涛汹涌；安置地球卧榻的幽深的底层，暗流把一切搅得混沌不清。当风平浪息，可见与不可见，表面与底层处于完整的和谐状态时，大海是宁静的。

同样，我拼搏的灵魂憩息时，我在灵魂深处获得的所在，是世界元初的乐土。

在做旅人的年月里，我无暇注望路边的榕树；今日离弃旅途回到窗前，对他袒露胸怀。

他打量着我的脸，仿佛急不可耐地说："你理解吗？"

"我理解，理解你的为人。"我宽慰他，"你不必那样烦躁。"

平静了一会儿。我见他又着急起来，葱绿的叶子沙沙摇动，熠熠闪光。

我试图让他安静下来，说："是的，千真万确，我是你的游伴。

亿万年来，在泥土的游戏室里，我和你一样一口一口吮吸阳光，分享大地甘美的乳汁。"

我听见他中间陡然响起了风声，他开口说："你说得对。"

在我心脏碧血的流动中回荡的语言，在光影间无声旋转的声籁，化为绿叶的沙沙声，传入我的耳鼓。这是宇宙的官方语言。

它的基调是：我在，我在，我们同在。

那是莫大的欢乐，其间物质世界的原子、分子瑟瑟战栗。

今日，我和榕树操同样的语言，表达喜悦之情。

他问我："你真的归来了？"

"哦，挚友，我真的来了。"我即刻回答。

于是，我们高喊着"我在，我在"，有节奏地击掌。

二

我和榕树倾心交谈的春天，他的叶子是嫩绿的。高天射来的阳光，通过大小不一的叶缝，与地上的阴影偷偷拥抱。

六月阴雨绵绵，他的叶子像阴云那样沉郁。如今，他的簇叶浓密得像老人缜密的思考，阳光再也找不到渗透的通道。他一度像穷苦的少女，此时则似富贵的少妇，一副心满意足的神态。

今天上午，榕树颈子上绕着二十圈绿宝石项链对我说："你为什么头顶着砖石？像我一样立在充实的空间里吧。"

"人必须维持内外两部分。"我说。

榕树晃动着身子："我不明白。"

我进一步解释："我们有两个世界——内在世界和外在世界。"

榕树惊叫一声："天哪，内在世界在哪儿？"

"在我的模具之中。"

119

"在里面做什么？"

"创造。"

"模具中有创造，这话太玄奥了。"

"好比江河被两岸夹持，"我耐心地阐述，"创造受模具的制约。一样东西落入不同的模具，或成为金刚石，或成为榕树。"

榕树把话题拉到我身上："你的模具是什么样子，说给我听听。"

"我的模具是心灵，落入其中的变成丰繁的创造。"

"你那封闭着的创造在太阳月亮之下能展露几许吗？"榕树来了兴致。

"太阳月亮不是衡量创造的尺度，"我用不容置疑的口吻说，"太阳月亮是外在物。"

"那么，用什么测量呢？"

"用快乐，尤其是用痛苦。"

榕树说："东风在我耳畔微语，能在我心里激起共鸣。而你这番高论，我实在无法理解。"

"怎么让你明白呢……"我沉吟片刻，说，"我擒获你那东风，系在弦索上，它就从一种创造演变为另一种创造。这创造在蓝天或在哪个博大心灵的记忆的远天获得席位，不得而知，似乎有个不可测量的情感的天空。"

"请问它年寿几何？"

"它的年寿不是事件的时间，而是情感的时间。所以不能用数字计算。"

"你是两种天空两种时光的生灵，你太怪诞了！你内在的语言，我听不懂。"

"不懂就不懂吧。"我莫可奈何。

"我外在的语言，你能正确地领会吗？"

"你外在的语言化为我内在的语言，要说领会的话，它意味着称之为歌便是歌，称之为想象便是想象。"

三

榕树对我摇摆着繁茂的枝叶："停一停，你的思绪飞得太远，你的议论太无边际了。"

这话击中要害。我内疚地说："我找你本是为求安逸，由于恶习难改，闭着嘴话仍从嘴唇间泄流出来，就和有些人梦游一样。"

我掷掉纸和笔，目不转睛地望着他，他油亮碧绿的叶子，犹如弹拨光之琴弦的名伶的纤指。

我的心灵突然发问："你见到的和我思索的，两者的纽带何在？"

"闭嘴！"我一声断喝，"不许你问这问那！"

我凝视着榕树，任时光悄然流逝。

"怎么样，你悟彻了么？"榕树末了问。

"悟彻了。"

四

一天默默地过去。

翌日，我的心灵问我："昨天，你看着榕树说悟彻了，你悟彻了什么？"

"我躯壳里的生命，在纷乱的愁思中混浊了。"我说，"要观瞻生命的纯洁面目，必须面对芳草，面对榕树。"

"你看见了什么？"

"我看见榕树的生命包孕着淳朴的快乐。他非常仔细地剔除了他的绿叶、花朵和果实里的糟粕，奉献丰富的色彩、芳香和甘浆。我望着榕树感慨地默默地说：'哦，树王，地球上诞生的第一个生命发出的欢呼，至今在你的枝条间荡漾。元古时代淳朴的笑容，在你的叶片上放射光辉。'在我的躯壳里，往日囚禁在忧戚的牢笼里的元初的生命，此刻相当活跃。你召唤他，'来呀，走进阳光，走进和风，像我似的携来形象的彩笔，颜料的钵盂，甜汁的金觞。"

心灵沉默片刻，不无伤感地说："你谈论那生命，口若悬河，可为什么不条理分明地阐述我搜集的材料呢？"

"何用我阐述！它们以自己的喧嚣、吼叫震惊寰宁。它们的负荷、错综复杂和垃圾，压痛地球的胸脯。我沉思良久，不知何时是它们的极终，它们要累积多少层，要打多少个死结。答案写在榕树的叶片上。"

"嗅！告诉我答案是什么。"

"榕树说：'没有生命之前，一切物质是负担，是一堆废物。由于生命的触摸，元素浑然交融，呈现为完整的美。'你瞧，那美在树林里漫步，在榕树的凉荫里吹笛。"

五

渺远的一个清晓。

生命离弃昏眠之榻，上路奔向未知，进入无感知世界的德邦塔尔平原。

那时，他全身没有疲倦，脑子里没有忧虑；他王子般的服装未沾染尘土，没有腐蚀的斑点。

细雨霏霏的上午，我在榕树中间窥见不倦的、坦荡的、健旺的生命。他摇舞着枝条对我说："向你致敬！"

我恳求道："王子啊，介绍一下与沙漠这恶魔搏斗的悲壮的场面吧。"

"战斗非常顺利，请你巡视战场！"

我举目四望。北边的旷野里芳草萋萋，东边的农田生长着翠绿的稻秧，南边堤坝两侧是一行行挺拔的棕榈树，西边的红松、椰子树、穆胡亚树、芒果树、黑浆果树、枣树，纵横交错，郁郁葱葱，遮蔽了地平线。

"王子啊，你功德无量。"我赞叹道，"你是稚嫩的少年，可那恶魔老奸巨猾，心狠手毒。你身薄力小，你精致的箭囊里装的是短小的箭矢，可那恶魔是庞然大物，他的盾牌坚韧，棒棍粗硬。但我看见处处飘扬着你的旌旗。你脚踏着恶魔的脊背，岩石对你臣服，风沙在投降书上签字。"

榕树显露诧异之色："你在哪儿见到如此动人的景象？"

我解释道："我看见你的激战以安静的形式出现，你的繁忙身著清闲的服装，你的胜利是一副温文尔雅的姿态，所以求索者坐在你的凉影里学习轻易获胜的咒语，研究轻易达成权力分配的协议的方法。你在树林里创办了传授生命如何发挥作用的学校。因而劳累的人在你的绿荫里歇脚，沮丧的人来寻求你的鼓励。"

听着我颂赞，榕树内的生命欣喜地说："我出来与沙漠这恶魔作战，同我的胞弟失去了联系，不知他在何处进行怎样的战斗。刚才你好像提到过他。"

"是的，我管他叫心灵。"

"他比我更活跃。他不满意任何事情。你可以告诉我我那不安分的胞弟的近况吗？"

"他的情形我略知一二。"我说，"你为生存而战，他为获取而战，远处进行着一场为舍弃的战斗。你与僵硬作战，他与贫乏作战，远处战斗的对象是敛聚。战斗日趋复杂，闯入战阵的寻不到出阵之路。胜败难卜，在这迷惘彷徨之际，你的绿旗呐喊着'胜利属于生命'，给斗士以鼓舞。歌声越来越高亢，在乐曲的危机中，你朴实的琴弦弹出鼓励："莫害怕，莫害怕！这是我捕捉到的基调——太初生命的乐音。一切疯狂曲调受其影响，融汇在欢快的歌声里。所有的获取和赋予，因而如花儿怒放，似果实成熟。"

36. 妇女世界

◉ 泰戈尔

人类世界是妇女的世界，无论这个世界是家庭化的，还是其他形式的生命活动都表现着人类的生存方式，而非难以捉摸的抽象活动。

只要有人存在，有人们活动的场所，那么便会有妇女的世界。在家庭这个以妇女为中心的世界中，人人都能发现自身的价值不在于市场，而在于爱的本身。在这里上苍仁慈地将人类的价值交还给了他自己。家庭世界是上苍赐予妇女的礼物，妇女们身处其中，将爱的光芒播洒在每一个角落，无所不至，并且常常让爱来证明着女性生命的本质。我们不可忽视这样一个真理：女人们诞生于母亲怀抱之日，便是她们降临于人类关系的中心之时。

妇女们可以运用自己的力量穿透事物的表层，走向生活奥秘的中心，走向幸福的永恒泉源，而男人则无力到达这个境界。妇女们拥有了这种力量而又没有对它进行扼制的话，那她们就会去热爱那些因为品性奇特而显得不那么可爱的人们。

男人们不同，他们必须对这个世界履行自己的责任，在这个世界里不断地攫取权势，创造财富，建立各种组织。但是，神灵派遣妇女们去爱的那个世界，则是一个凡间俗界。因而，妇女们所面对的不是一个仙女们沉睡千年、正等着魔杖触醒的仙境。不过，即使是在神灵的世界里，也处处可见赐予妇女们的魔杖，这些魔杖使她们的心灵随时保持着清醒。只是，这些魔杖既非财富，又非权势。

在目前这个男人支配的世界里，男人们以权势而自豪，常常对充满情感的事物和人际关系讽刺嘲弄。这也影响到了妇女。许多妇女便大声疾呼，声言她们不愿被看作女人，而愿意充当权力和组织的真正代表。而在现阶段，她们仅被看作是种族的母亲、人类生活必需品的管家、同情与爱这种人类深层精神需求的施放者。面对人们的这些目光，妇女的自尊心受到了极大伤害。

近来，由于科学的发展，文明越来越呈男性化趋势，个人的真实本色日益受到漠视。各种组织的利益正在侵害人际关系，感情也让位于法律，对权势和财富的贪得无厌，使妇女世界受到了无情的剥夺，家庭这个憩息之地也惨受排挤。男人们似乎要把整个世界占为己有，不给妇女留下任何空间。这不仅是对妇女世界的侵害，亦是对妇女的侮辱。

但是，不能由于男人权力的肆虐，而把妇女拉回到充当装饰品的地步。文明对妇女的需要程度，丝毫不亚于男人，甚至可能更有甚之。尽管在历史的现阶段，男人依然自得于其优越性，然而，他们终究不能将妇女的本质全部摧毁，亦不能将妇女的本质转化为冷冰冰的建筑材料。妇女的家庭可以被打碎，但妇女的自我尚存，它不可能被粉碎。妇女不仅要追求生活的自由，反对男人对事业的垄断，而且要反对男人对文明的垄断，这种垄断打击着妇女的灵魂，并且吞噬着她们的生命。

妇女必须依靠自己，全力投入人类世界的创造，以恢复倾斜的社会平衡。因此，妇女须得要干预已被损害得支离破碎的个人世界，一定要大声疾呼，人无论高低贵贱都属于他们自己。她们必须挺身而出，保护情感的美好花朵，使之免受只讲效率的科学的嘲弄和烤灼。妇女们必须扫除贪婪的组织力量对个人生活造成的污染。妇女们任重道远，她们迈出家庭门槛参与社会生活的时刻已经来临，这个世界和一切遭受过凌辱的人都有权向她们提出申诉。在妇女们的关注之下，人们将会发现自己的真正价值，在阳光下高扬头颅，经由妇女之爱来复活对爱的神圣信仰。

37. 真实的高贵

● 海明威

在波澜不惊的海平面上，你、我，甚至任何一个人都可以驾驭船只远航。但是，如果只有阳光而没有阴影，只有快乐而没有苦难，那就全然不是人生。即使以最幸福的人的境况来说，那也是一团缠结的纱线。

经历了失去亲人的痛苦又迎来幸运之事，让我们一阵悲哀，一阵愉快。甚至死亡本身会使人生更为可爱。在人生中的清醒时刻，在悲哀及丧失的暗影之下，人们最接近他们的真我。

我们必须承认，所有事物或事业中，智慧所发生的作用，不如品格；头脑不如心情；天才不如由判断力所节制的自制、耐心和规律。

我始终认为，如果一个人越追求内心深处的生活，他外在的生活就越简单，越朴素。在奢侈浪费的时代，我愿向世人表明，人类真正需求的东西应该是极少的。

懊悔自己的错失而不至于重犯，才是真实的悔悟。比别人强，并不算真正的高贵。比以前的自己强，才是货真价实的高贵。

38.为快乐而工作

◉罗　素

许多从事文化工作的人，找不到独立运用自己才能的机会，而只得受雇于由庸人、外行把持的富有公司，被迫制作那些荒诞无聊的东西，这是现今存在于西方知识界中的不幸的原因之一。如果你去问英国或美国的记者，他们是否相信他们为之奔走的报纸政策，我相信，你会发现只有少数人相信，其余的人都是为生计所迫，才将自己的技能出卖给那些有害无益的事业。这样的工作不能给人带来任何满足，并且当他勉为其难地从事这种工作时，不能从任何事物中获得完全的满足，从而变得玩世不恭。

我不能指责从事这种工作的人，因为舍此他们就会挨饿，而挨饿是不好受的。不过我还是认为，只要有可能从事能满足一个人的建设性本能冲动的工作而无其他之累，那么他最好还是为自己的幸福去做这种劳动。对自己的工作引以为耻的人是没有自尊可言的，幸福就更无从谈起了。

在现实生活中，建设性劳动的快乐是少数人所特有的享受，然而这少数人的具体人数并不少。任何人，只要他是自己工作的主人，他就能感受到这一点，其他所有认为自己工作有益且需要相当技巧的人均有同感。培养令人满意的孩子是一件能给人以极大快乐的，但又是艰难的、富于建设性的劳动。凡是取得这方面成就的女性都觉得：由于她辛勤操持的结果，世界才包含了某些有价值的东西，要不是她的劳作，这些东西就不会在世界上存在。

在如何从总体上看待自己生活这一问题上，人与人之间存在着深刻的差异。对于一些人来说，把生活看作一个整体是很自然的做法，能够做到这一点也是幸福的关键；对于另外一些人来说，生活是一连串并不相关的事情，它们之间缺乏统一性，运动也没有方向。我认为前者比后者更易获得幸福，因为前者能够从自己营造的环境中获得满足和自尊，而后者则会被命运之风一会儿刮到东，一会儿刮到西，永远找不到落脚点。

把生活看作一个整体，这不仅是智慧的，而且也是真正道德的重要部分，是应被教育极力倡导的内容之一。始终一贯的目标并不足以使生活幸福，但它是幸福生活不可或缺的条件。而在工作中，始终一贯的目标才是主要的体现。

39. 我的荣誉

◉ 爱因斯坦

想要得到赞许和表扬，本来是一种健康的动机。但要求别人承认自己比同伴更优秀、更强，或者更有才智，那就容易在心里产生唯我独尊的念头，这无论对个人对社会都是有害的。应该让每一个人都是作为个人而受到尊重，而不让任何人成为被崇拜的偶像。

我自己受到了人们过分的赞扬和尊敬，这并非我所愿，也不是由于我自己的功劳，而实在是一种命运的嘲弄。虚荣心可以有许多不同的表现形式。人家常说我没有虚荣，但这也是一种虚荣，一种特殊的虚荣！你看，我不是感到一种特殊的自负吗！真似小孩子一样幼稚呢！

荣誉使我变得越来越愚蠢。当然，这种现象是经常出现的，就是一个人的实际情况往往与别人心目中的很不相称。比如我，每每小声咕噜一下也变成了喇叭的独奏。

一个人应当这样安慰自己——时间是一架筛子，大多数一时耸人听闻的东西都已通过筛子，落进了默默无闻的海洋，即使是筛剩下来的，也不值得一提。

40. 自尊与自信

◉ 奥里森·马登

苏格兰有一个纺织工人虽然很贫穷，却非常虔诚，他每天都要做祷告。他的祷告中有一项内容非常奇怪，他祈求神让他对自己有一个好的评价。其实，这又有什么奇怪的？难道不应该这样吗？如果我们自己对自己都没有好的评价，怎么期望别人会对我有好的评价呢？正如一句谚语说的好：不自重的人，别人也不会尊重他。如果人们发现我并不怎么尊重自己，那么，他们也有权利拒绝我，把我看成骗子。因为我一方面对别人说，他们应该对我有好感，另一方面自己却对自己没有好感。其实，对自己的尊重和别人对自己的尊重是建立在同一原则基础之上的。

林肯曾经说："你可以在某一段时间欺骗所有的人，也可以在所有的时间里欺骗某一部分人，但你不可能在所有的时间里欺骗所有的人。"然而，无论在什么时候，我们都无法欺骗自己。所以，要真正产生自尊的感觉，唯一的办法就是让自己配得上这种对自己的尊重。

人们有权利按照我们看待自己的眼光来评价我们，我们认为自己有多少价值，就不能期望别人把我们看得比这更重。一旦我们踏入社会，人们就会从我们的脸上、从我们的眼神中去判断，我们到底赋予了自己多高的价值。如果他们发现，我们对自己的评价都不高，他们又有什么理由要给他们自己添麻烦，来费心费力地研究我们的自我评价到底是不是偏低呢？很多人都相信，一个走上社会的人对自己价值的判断，应该比别人的判断要更真实、更准确。

一次，英国首相皮特在任命沃尔夫将军统领驻守加拿大的英军后，刚好有机会领略了一番沃尔夫将军的自我吹嘘。这个年轻的军官挥舞着佩剑，不停地敲着桌面，在屋子里手舞足蹈，吹嘘着他将要建立的功勋。皮特非常厌恶他，忍不住对坦普尔勋爵说："上帝啊，我居然把整个国家、整个政府的命运都托付给这样的人了！"

但这位首相大概想像不到，就是这么一个喜欢自我夸耀的年轻人，会不顾自己重病在身，从病床上起来指挥部队在亚伯拉罕高地赢得了辉煌的胜利。其实，他的自夸是对他未来所能达到的高度的一种预言。

41. 自由与财富的使命

◉ 奥里森·马登

不管在什么地方，你都能从富人的嘴里听到他由贫变富的感慨：他最得意和最快乐的日子，就是在他凭借智慧掘得第一桶金的时候；是在他的财富积少成多的过程中；第一次受到激励的时候。此时此刻他知道，贫乏再不会如影随形地伴随他。他开始设计将来的生活，他开始用挣来的钱进行自我完善、自我修养，去学习和旅游。这时，他甚至花精力和钱财使那些他所热爱的人摆脱贫穷。从此以后，他的生活质量将大大改变。他认识到他有能力使自己在生活中得到升华。他将名声远播。他的家里将会拥有名画、音乐、书籍和其他休闲品。他的孩子将会过上丰衣足食的生活。于是，他第一次感觉到，自己的强大和富有，同时感觉到，他那原本狭隘的生活圈子在不断扩大，视野在不断拓展，生活事业鹏程万里。

大量的事实表明，我们来到尘世，是为了完成伟大的事业、神圣的使命，是为了享受美丽富饶的生活而不是为了遭受贫穷。匮乏和贫困是不符合人类天性的。而我们的弱点在于，我们对那些早已为我们准备的美好东西缺乏自信心。我们不敢或不善于完完全全表达自己心灵的愿望，不敢为自己的生存权提出全部的要求，因此我们不得不节衣缩食，甚至饥寒交迫，而不敢使用与生俱来的权利去要求富有。我们要求得少，期望不高，我们抑制自己的欲望，限制自己的供给，不敢要求更多的欲望，我们不敢打开自己需求的大门让美好事物的巨流进入。我们的思想萎缩、保守，自我表达也受到压抑，我们甚至不敢去想像如何用正当手段攫取财富，不敢拿自己的灵魂乞求富足，我们不知道没有信仰、没有追求就没有一切。

上帝给我们每个人享受万物的权力是平等的，他从不厚此薄彼。问题的关键是，你是否去争取了，努力了？付出和得到历来是成正比的。

造物主并不因为满足我们的请求后他自己就变得贫穷，相反，由于你需求物质所付出的劳动，上帝的供给库里日益丰盛。所以，上帝不会因为我们要求得多而有所损失。太阳不会因为玫瑰需求的那一点点热量而损失丝毫，并减少普照大地的面积。只要你能吸收，蜡烛不会因为另一支蜡烛的点燃而有所损失。为友谊而善待，为生存而竞争，为爱而付出，这只会增加社会的活力。

生命繁衍的秘诀之一就是将神圣的潜能转化为我们自己的能量，并且学会有效地运用这种能量积聚财富。一旦人学会这种神圣的转换法则，他就会成百万倍地增加自己的效能及生存能力。

每一种恶行都是通往地狱之门的阶梯，也是一层不透明的面纱，它挡住我们的视线，使我们难以看见上帝与真善。每走错一步都会使我们与上帝越来越遥远，而与地狱越走越近。

当我们学会探寻富足而不是拥抱贫穷的艺术时，当我们改变思维方式，不再在局限的思维中爬行时，我们会发现：我们追求的事物也在追寻我们，我们会和它们在途中不期而遇。

不要总是抱怨命运不公平。你每次抱怨时，你想得到的东西不一定能得到，别人拥有的东西也依然是别人的。由于沉湎其中，你也不能做成别人做过的事，去不成他人去过的地方。你只是自寻烦恼，越陷越深。如果你反复讲述不幸的命运，那你的命运将永远是你不幸命运的重复。

42. 品格与个性的力量

◉ 奥里森·马登

我们所处的是一个狂热追逐金钱的时代，然而一个奇怪的现象却是虽然身处这样的时代，那些衣衫褴褛、身无分文的作家、艺术家和衣着朴素的大学校长，他们在社会上反而更有声望，报纸也更愿意不惜篇幅来报道他们的行踪或活动。之所以有这种反差，也许要归因于追求知识和追求财富是两种不同性质的活动：前者有很多积极的影响，而后者存在着很大的负面作用。我们几乎可以肯定地说，在以金钱为标准的世界里，凡有一个人获得了成功就必定是以成百上千竞争者的失败为代价的。而在知识和品格的世界里，一个人的成功同时也是对社会的贡献，这几乎可以说是一种规律。

个性是我们刻在事物上的标识，正是这种无法涂抹的标记，决定了所有人、所有劳动的全部价值。我们都相信个性成熟的人。一个伟大的名字意味着怎样的一种魔力啊！西奥多·帕克过去常说的一句话是对于一个国家来说，苏格拉底的价值远远要超过像南卡罗来纳这样一个州的价值。

两度出任英国首相的政治家约翰·罗素说："在英国，所有的政党都有一种天然的倾向，他们都试图寻求天才人物的帮助，但他们只会接受那些具有伟大品格的人作指导。"

"通过培养品格与个性，最后我获得了真正的力量，"英国著名政治家坎宁在 1801 年写道，"我并没有尝试过其他的途径。我也相信，这条路也许不是最便捷的，却是最稳妥的，对这点我十分乐观。"

对一台机器，我们可以根据它所能够承受的最大压力来检测它的性能，但房间的温度也许就会决定它的性能。然而，对一种伟大的品格与个性来说，谁又能估价得出其内在的力量呢？谁又能够料到，一两个小孩可能会对一所学校品性产生影响呢？一所学校的传统、风俗和行为方式，可能正是因为这样几个具有非凡个性的学生，再经过几届学生的变动，就完全得以改变。这些学生就像日常生活中常常看到的那种力量，作用有些类似于拖拽着一长列货车的火车头，而他们正是以自己那微不足道的——却和那些风俗传统同样重要的——方式，改造了这一切，成为了校园英雄。几乎每一个学校的老师都可以告诉你一些诸如此类的故事：几个具有巨大感染力的学生，如何带动了学校的进步，或是破坏了它的发展。

43. 生命不能虚度

◉ 奥里森·马登

"米开朗基罗真是个非同凡响的人物。"一位法国作家这样评论道，"他虽已年逾 60，已不那么强悍，但看他在大理石上飞快地挥舞着雕刻刀，依然显得那么遒劲有力。他一刻钟完成的工作量，3 个壮小伙一个小时也完成不了。他真让人佩服，碎石在他雕刻刀下飞溅，那气势、那劲头会让人以为在他一击之下整块石头都有可能粉碎。懂得雕刻的人都知道多雕刻掉哪怕是一根头发厚度的石片，都可能使整个雕刻工作前功尽弃，所以许多人都很担心米开朗基罗那雄劲有力的一挥、一戳，毕竟掉下的石头不会再重新补上。"

而米开朗基罗则对另一位非凡人物——拉斐尔赞叹不已："他才是最值得人类歌颂的，因为他的灵魂最美丽，他以他的勤奋创造了一个又一个最灿烂的辉煌。"许多人都惊叹拉斐尔何以能够创造出如此完美的作品，拉斐尔对此的回答是："从小时候起，我就养成了对任何事物都重视的习惯。"可惜的是，这位艺术家英年早逝，38 岁就离开了这个世界。罗马陷入了深深的悲痛之中，连罗马教皇利奥十世也为拉斐尔的离世悲伤哭泣。拉斐尔给后人留下了 287 幅绘画作品，500 多张素描。其中有些作品艺术价值无法用金钱衡量。在那些整天懒散无事、不思进取的年轻人看来这是多么不可思议而教训深刻啊！

达·芬奇也是个勤奋而有大成就的人，他每天在天刚蒙蒙亮时就起床去工作，一直工作到天黑什么也看不见为止，就是在这样勤奋工作下，达·芬奇才给我们留下了许多宝贵的精神财富。

鲁本斯成了名画家并渐渐富裕之后，一位炼丹师找上了他，他要求二人合作把普通金属变成金子。炼丹师告诉鲁本斯说世上只有他一人才知道炼金子的秘诀。鲁本斯对他说："可惜，我早在20年前就已发现了这个秘密。"说着，鲁本斯指着自己的画具又说："通过它们我很容易实现这一梦想。"

法国画家密莱司一旦画起画来，就全身心投入，不被外界所干扰。他说："任何一个农夫，不管他有多劳苦，他都没有我劳累。"他又说："一个年轻人最应该干的就是工作。天才是可遇而不可求的，但即使是天才，如果不努力工作，也不会做出什么大成绩。我从不建议别人立志当一名艺术家，从前如此，现在、将来也如此。如果一个孩子拥有了艺术家的潜质，那么他是不用别人去劝导、建议的，他仍然会朝此方向迈进的。但就有很多人问我是否应该培养他们的孩子成为一名画家，我的回答从来都是否定的。我要提醒他们的是，不管将来成为什么，都必须从现在、从小脚踏实地做起，不要忽视琐碎事情，不管它们多么令人生厌，多么不值得一做。还有那就是努力工作。"

《圣经》的译者马丁·路德是一名宗教改革家，他非常推崇一句话："每天都要完成一些工作。"特纳也非常赞同这句话。特纳的老师约舒亚·雷诺德就常教导特纳说："如果想要超过别人，那就必须时时刻刻努力工作、学习，除此之外，没有别的，唯艰苦工作。"工作有时确是艰苦的，但在特纳看来工作不但是艰苦的，更是美好的。

如果一个人利用智慧为人类造了福、贡献了力量使国家受益、奉献了爱心而使邻里受益，那么可以说他没有虚度他的年华。

彼得大帝是一个英明的君主，他的英明就在于他知道学习，知道努力工作。在王室其他成员还穿着考究的宫廷服装享乐的时候，彼得大帝就已换下宫廷服装穿上普通人的衣服去西欧学习先进的生产技术了。在英国，他屈尊进入纸厂、磨房、制表厂以及其他厂与其他工人一样干活；在荷兰，他甘愿为徒向一位造船师学习。在工作中，彼得注意向那些优秀人物学习，学习他们的先进技术和科学的管理方法。

彼得利用一个月的时间在伊斯提亚铸铁厂学会了冶炼金属的技术，最后一天他铸造了18普特的铁，他把自己的名字刻在这些铁上面。随同彼得周游的俄国贵族怎么也没有想到他们有朝一日会干上这种活，但怨言归怨言，他们最后也不得不在彼得的带动下拿起了煤铲、拉动了风箱。在索要报酬时，工头穆勒付给了彼得18个金币。彼得知道铸一普特铁的报酬是3个戈比，显然他的报酬超出他的所得了。彼得对穆勒说："把多余的金币拿回吧！只需给我所应得的报酬就可以啦，这足够我买一双新鞋啦，我实在应该换一双鞋了。"的确，彼得脚上穿的鞋已破烂得不成样子，几块后补的补丁也已磨破。现在在穆勒的伊斯提亚铸铁厂还珍藏着当初彼得大帝铸造的一根铁棒。匹兹堡的国家珍奇博物馆保存着另外一根。俄国人从彼得大帝身上受到很大启发：要想出人头地，要想超越别人，就一定要辛勤工作，努力、努力、再努力，辛勤、辛勤、再辛勤。

如果你自我感觉不错，自认为一切该得到的东西都会自动到来，那你就要注意了，因为你可能终生一事无成。如果你想挽救自己，那就要立即抛弃这种可悲的想法，而以辛勤的工作代之。你要明白，只有辛勤的劳动才最有可能使你成功，才是最最重要的成功元素。

比彻对勤奋工作的认识比较彻底："在我看来，知识领域中的任何一种艺术流派、任何一件作品，莫不经过创造者多年的辛勤劳作而得以扬名世界。天才离不开勤奋，离开勤奋的天才也长久不了。"

的确，翻开历史，我们会发现，所有的有着世界影响的业绩和成就无一不是勤奋的结晶，不管是文学作品，还是艺术作品，皆是如此。

哥尔德斯密斯认为一天里能够写出 4 行诗就已经相当了不起了。《荒村》这样一部有影响力的大作品就花费了哥尔德斯密斯多年时间。哥尔德斯密斯认为："如果一个人养成了持之以恒的写作习惯，那么那些零星写作的作者是无法领略到这个人的思维的缜密程度以及写作时的熟练程度，永远都不能，哪怕那些人有着这个人 10 倍的天赋。"

朗费罗把伟大的诗歌作品比作浮出水面的桥梁，把诗人平时的学习与研究比作沉没在水中的桥基。他说："桥梁固然重要，但桥基也是必不可少的，不能因为看不见它，而忽略它的重要性。"

如有可能可看一下那些伟大作品的"初稿"，定会受到启发，无论是《独立宣言》，还是朗费罗的《生命之歌》，亦或其他作品，没有哪一部作品是一下成稿的，都是经过了多次修改和润色的。拜伦的《成吉思汗》前后写了 100 多遍，只因为拜伦要求精益求精。

古代雅典的雄辩家狄摩西尼为了写成《斥腓力》用了大量的时间，耗了大量精力；柏拉图对《论共和国》的要求更严谨，光开头第一句话就用了 9 种不同的写法；蒲柏花掉整整一天的时间只为了写好两行诗；夏洛蒂·勃朗特用一个小时琢磨一个适当的词语；格雷写一个短篇需要用一个月时间；吉本写《罗马帝国衰亡史》的第一章就写了 3 遍，而完成这部大块头作品则用了 25 年。

安东尼·特罗洛普认为一个人说要等到心情好时或是灵感来临时再工作起来也不迟根本就是自欺欺人。

"不经过努力就成功的事真的很不错。"一次大律师罗费斯·乔特的一位朋友对他说。"这有什么可感叹的。"大律师回应道，"那样做就犹如把希腊字母撒落地上，捡起来就成了伟大的史诗《伊利亚特》而不可信。"

坐等着好事光临与希望月光变成银子一样都属无稽之谈。梦想自然法则会随你所愿那更是痴人说梦话。这些想法是那些不愿努力工作的人的水中月、雾中花，也是那些目光短浅人的海市蜃楼。

亚历山大·汉密尔顿告诉世人："不要以为是我的天赋成就了我的成功，实际上，是努力工作成就了我。"

丹尼尔·韦伯斯特在他70岁生日之际谈起了他的成功："要说我能有今天这番成绩，完全来自于我的努力，在我能够工作时日起，我没有一天不在努力工作。"

"我最大的乐趣是在工作中找到的。"已年近90岁的格莱斯顿这样说，"勤奋工作是一种好的习惯，它能使你获益匪浅。很多很多年轻人把休息看作工作的结束，但在我看来改变工作方式才是最好的休息方式。假如说你长时间看书眼睛已疲劳，脑子昏沉，那就不妨到空气清新的外面走走，活动一下身体，这样疲劳就会被你驱跑。实际上，自然的努力一刻也没有停止过，即便在我们睡觉时，心脏仍在工作。自然的努力一旦真的停止，人也就不可能还存在。无论工作、学习，还是生活，我都尽量顺应自然，这样我拥有了良好的睡眠、饱和的精神状态，消化也非常良好，这一切皆来自于我的辛勤工作。"

"我认识爱迪生那年他刚好14岁，"一位朋友告诉我，"他真是个勤奋的人，他不允许自己虚度每一天。他往往读书到深夜，他对那些情节曲折的小说和扣人心弦的西部故事表现出了厌烦，他喜欢的是机械、化学以及电学方面的书籍。他不但理论上精通它们，而且也掌握了这些实用技术。对于他来说，工作是最重要的，读书只能是忙里偷闲，而睡觉是不得不干的事，可以说，大量的工作加上少量的睡眠构成了他的全部生活。"

爱迪生本人的看法则更有启迪性："我兴趣最浓的时候是在发明之前，而发明成功之后，我兴趣顿失。另外，我发明绝不是为了求得金钱的回报，对别人也许是这样，但对我则绝非如此。我最快乐的时候是在小时候，那时我十分贫穷，只能捡些破旧的设备和简单的器械进行我的实验，那时我真的感到幸福快乐。现在，我想要的一切实验设备都已拥有，而且是最好的，我可以继续我小时候的梦想，延续我的快乐，现在我的快乐依然来自工作的过程，而绝非经济上的回报。"

我们得承认有些东西蕴含着永恒的智慧，无论风和日丽，还是雪雨交加，亦或是我们神情不爽、身体不适，我们都得去我们应该去的地方，干早已给我们准备好的我们应该做的工作。而只有我们劳作了 8 到 10 小时，休息才会显得格外甜美。孩子们必须于 9 点去上课，而且绝对不能分心去想别的事；无论何种情况账本都要记得清晰明了，准确无误；无论哪个库仓，都要求货物和账本记载完全一致；无论何时，都应该以和蔼可亲的态度面对孩子和邻里。不需再一一列举，道理都是一个，那就是，无论你从事什么行业，也无论你何时起步，你都必须辛勤肯干，不要说工作简单乏味，也不要说不富挑战，正因为你承受这些，你才有可能建立起成功的各种品质，诸如，一心一意、坚韧不拔、面对诱惑不为所动、严于律己等等，正是这些品质奠定了你今后的成功。可偏偏有些人鄙视劳作，这些人多是目光短浅、见识浅薄的狂傲之人。在我看来，最让人瞧不起的倒是那些自以为是的青年人，我断定他们绝不会在有人的街道上肩扛东西而过。

翻开历史画卷，我们会发现，在罗马最强盛时，罗马国王是经常劳作于田间的。但是在连一般的工匠和田间辛勤劳作的农夫都变成奴隶后，罗马帝国却衰落了。当时最开明的西塞罗这样写道："手艺人的工作是不值得一提的，文明的工作不可能在这里产生。"亚里士多德也持同样的观点："技术工人干的活是非常卑微的，根本不值得称颂，他们只是社会不发达的产物，注定是为人服务。"

虽然这些"知名人士"鄙视辛勤工作以及辛勤劳作的人，但历史是公正的，历史的巨轮很轻易地把这些有着短见的国家碾得粉碎。

泰勒总统卸任后不久，就被他的政敌选举负责弗吉尼亚村的公路。泰勒总统愉快地接受了这份工作，他并没有感到自己受到了污辱。负责一条公路虽然职责不大，但泰勒总统依然恪尽职守。泰勒总统的政敌们把这看作是对他们人格的污蔑和轻视，他们一致要求泰勒辞职。

泰勒接受这份工作时没说什么，可这时他却说："我为什么要辞职，虽然我不拒绝任何工作，但我也不无故辞职。"

以勤奋工作而闻名的还有惠灵顿公爵，他从不允许自己懒散，对于今天应该完成的事从不拖到明天去完成，他更不会把时间花费在无聊和享受上，他只知道学习、工作，工作、学习。

艾利巴罗夫勋爵想在律师界求得发展，但他的处境却对他极为不利，他没有选择退却，却知难而上。超强的工作压力使他喘不过气来，他咬牙挺住，为了激励自己，他把一个激人奋发的座右铭贴在自己随时可以看见的地方，这个座右铭是"要么读书，要么挨饿"。

德国人喜欢把"如果不用，我就会生锈"的字眼铸刻在钥匙上，旨在警醒自己，这不能不说是一种深刻教导。

44. 工作就会有幸福

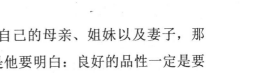

◉ 奥里森·马登

约翰·亚当斯感到实在无法忍受学拉丁语了，于是鼓足勇气向父亲提出不学拉丁语的请求。

"那好吧！"父亲这样答道，"既然你不想学了，那你就去水田挖几条排水沟吧！"约翰本来就战战兢兢地向父亲提出不学拉丁语了，现在对于父亲的这个命令就更不敢违抗了。他拿起铁锹就去了水田，一干就是一天，约翰边干边考虑不学拉丁语一事。晚上回到家，约翰又来到父亲身边，请求父亲允许他继续学习拉丁语。父亲依然很平静，同意了他的请求。从此，约翰全身心投入到学习中，并在学习中养成了一丝不苟的做事习惯。许多年以后，约翰成了美国建国以来的第二任总统，成了世界名人。

"如果我的钱只用来供自己花销，那我又何必一定要辛勤工作呢？"许许多多年轻人都有这样的疑问。

如果一个人真的不用出钱供养自己的母亲、姐妹以及妻子，那么真的是上帝对他宠爱有加了。但是他要明白：良好的品性一定是要经过辛勤劳动来塑造的。

一位通过自己勤勤恳恳劳动致富的人年轻时没有接受过良好的教育，所以他很希望自己的孩子在这方面比他强。临去世时，他却后悔不迭，"我虽希望他们接受良好的教育，但我花在这方面的心血还是太少了。他们一直过着养尊处优的生活。我多希望他们能够成为品质高尚令人尊敬的人，可事实却是：一个是医生，却没有一个患者来找他看病；一个是律师，却从来没人请他出过庭；一个在经商，可从不关心经营情况。我多次劝他们做人要诚实，做事要勤恳，可他们就是听不进去。他们总是回答：'爸爸，你有花不完的钱，我们又何必辛苦地去干活呢？'"

《青年导读》里记载了西拉斯·菲尔德成长的故事。西拉斯·菲尔德是大西洋电缆建设工程的发起人，著名的企业家。他16岁那年拿着全家人辛辛苦苦积攒下来的8美元离开斯托克布里奇到纽约发展。西拉斯·菲尔德来到纽约的哥哥家住了下来。他的哥哥大卫·菲尔德很是争气，通过努力成为了纽约法律界的一位要人。在哥哥家居住的时候，西拉斯·菲尔德感到很不快活。哥哥家的一位客人马克·霍普金斯看出了他的异常，对他说："一个孩子如果离开家后总是想家，那他是没有什么发展的。"

没多久，西拉斯进入了当时纽约市最好的干货交易店——斯图尔特店工作。刚去时，西拉斯只干些打杂的活，年薪是50美元，早上六点以后开始工作。在当上店员之后，早上八点开始工作，一直到晚上没有客人为止。

"这一次我用上了心。"菲尔德这样记载道，"我保证在第一个顾客来到之前赶到店里，最后一个顾客离去后再离开。我努力学习一切我认为有用的知识，我要做一个让所有人都佩服的推销商，我知道将来的成功是建立在今日的努力基础之上的，我一有空就去商业图书馆看书，我还是每周六晚上举办活动的辩论团体的成员。"

实际上，店主斯图尔特本身就是要求严格的人，他要求斯图尔特店的每一位店员早上上班必须登记，午饭和晚饭以及请假回来也都必须登记。假如早上上班迟到，或者午饭超过1小时，晚饭超过45

分钟，都要受到惩罚。西拉斯·菲尔德在遵守这些规定方面是个典范，他没有受到过一次惩罚。除此之外，他的业务还是最佳的，所以他很快受到了斯图尔特本人的重视，如果不出什么意外，提升他只是个时间的问题。

斯图尔特当年兢兢业业苦心经营自己的生意,随着生意越做越大，他的这种经营态度也越来越得以全面体现。他制定的制度科学而合理，这使得他的大集团以令人吃惊的良好态势高速运转。斯图尔特还是个精益求精的人，在他病入膏肓行将离世之前，他还在琢磨能够进一步提高工作效率、完善各部门协作的各种可能性。

斯图尔特是伟大的，那他的后继者呢，是不是也同样不平凡呢？斯图尔特的继任者接手的是庞大的商店销售网和斯图尔特遗留下来的科学的管理制度,但是斯图尔特的继任者却没能很好地继承这一切。他们不关注商店的经营状况，对客户也非常不礼貌，也不检查各部门的各项工作，他们只是眼看着这庞大的商店和财富而骄傲不已，他们以为商店会自动顺利运转下去，会带来数不清的财富。这样做的后果可想而知，但由于斯图尔特店的确真的是财力雄厚，再加上斯图尔特店原先良好的声誉，致使某些弊端在头几年没有显现，或显现不明显，但这种表面繁华状况很快就消失殆尽了。首先，老顾客表现了不满，继而所有顾客都心存不满，斯图尔特的继任者们终于看到了，他们的商店收入在减少,信誉在下降,顾客寥寥无几。更让他们感到可怕的是，投资者也失去了耐心和兴趣，都准备撤资或停止投资。

关键时刻，约翰·沃纳梅克接手了斯图尔特店，沃纳梅克是一个同斯图尔特同样不平凡的人，也是一个白手起家的商业能手。在当学徒工的时候，他距离工作单位——位于费城的一个书店4英里，每天他必须步行去那里，可薪水只有每周 1.25 美元，但是沃纳梅克发

誓要赚到多于老板 *10* 倍的收入，这个念头支持他一直坚强地向前走，终于成功。沃纳梅克接手斯图尔特店仅仅几年，就又使斯图尔特店重现了斯图尔特在世时的繁荣景象。

　　一个想要成就一番事业的人，只有像斯图尔特和沃纳梅克一样立足现实、辛勤工作，并且持之以恒，十年如一日，才有可能成功，成功之后也不要满足，更不要骄傲，这样才有可能创造富足、美满的生活，并可能长久保持下去。

45.勤奋能够点石成金

◉ 奥里森·马登

　　在偌大个宇宙中，只有人才会游手好闲，才会无所事事，其他所有事物都会按着各自的规律永不停地运转下去。左拉曾说"工作是世界上最有用、最伟大的法则，只有工作，有机事物才会向各自的目标前进。"工作就是生存的法则，无论哪个地方，一旦停止工作，那它只能退步，最后灭亡。如果我们一旦不再使用我们身上的某个器官，那么这个器官就要退化，渐而失去作用。只有我们正在使用的东西，才具有大自然赋予的活力，而那也是体现我们意志的唯一东西，养成勤奋工作的习惯无异于学会了点石成金的法术。那些做出过不凡业绩的人，那些把勤奋工作当成金钥匙的人，世界正是由于他们的工作而获得了长足发展。无所事事、游手好闲足可以使一个人的万丈雄心泯于无形，旺盛精力缩成一线，使人们屈从于命运的安排，成为时间的奴隶。

　　《闲话集》说的更不客气，它把没对社会做出贡献的人归于死人之列，只有那些对社会有价值的人才算真正活着，这样，有的人20岁才算出生，有的30岁才算出生，而有的人六七十岁才算出生，更有甚者，有的人在世上走一遭，却从没真正活过。在爱弥尔·左拉的小说里，有两个洗衣女工的一段对话很有意思，这两个女工同是巴黎一家洗衣店女工。一天她们谈论的话题是假如拥有10000法朗的话，她们准备怎样。这两个女工的回答惊人地一致，那就是什么也不干了，回家待着。这不能不叫人悲叹，这也许是她们永远是洗衣工的原因吧！

卡莱尔认为：工作是有着莫大神圣性的，而且这种神圣性无以言表。他说："工作着的人是最有幸福感的，因为他已经找到了能令自己和别人快乐的方法，他会一直坚持干下去。这就像一条从苦涩贫瘠开凿出的一条运河，不管前方有多少险阻，它都会坚定不移地向前奔流，荡尽草根底的苦咸的盐碱水，把蚊虫肆虐的沼泽地还原成碧草青青的绿地。我始终把工作看成我的全部生活，工作中的知识才算真正的知识，才算有价值的知识，其余的知识都不算真正有价值的知识。"

"那些早上7点起床的人是会获得上帝青睐的。"瓦尔特·司各特写道，"如果我早上7点还赖在床上，那我将会一事无成。正由于我养成了早起的习惯，我才得以有时间写我的文章。"司各特的朋友们对于司各特能做出那么多成绩表现出了极大兴趣，其实，他们不曾想到，还在他们甜美地做着梦的时候，司各特正在笔耕不辍。

工作可以产生许多奇迹，它可以擦亮人的眼睛，强健人的肌体，增添面颊的红润；它还可以使头脑更敏锐，使思想更集中，使脚步更矫健。工作可以奇迹般地治愈多种身心疾病，工作的人才是最健康的人。

工作在三个方面使我们受益：一是使我们得以有价值地生存于这个世界上；二是能使我们的梦想成真；三是帮助我们成为自己心灵深处的艺术家，所以说勤勉工作最能体现人生价值，勤勉工作的人最幸福。

罗斯金把一个年轻人有没有前途、有没有出息的衡量标准总结为一句话，那就是：他努力工作吗？这是个前提条件，如果连这一点都做不到，那其他一切免谈。

46. 工作是生活的准则

◉ 奥里森·马登

有一个古希腊人心肠很好，他见到蜜蜂一朵花一朵花采粉酿蜜很是辛苦，就想帮助蜜蜂一下，他费了半天工夫采来了各种花，然后捉来蜜蜂，并把蜜蜂的翅膀剪掉，放在花上，但是蜜蜂最终也没酿出一点蜜来，原因在于这种做法违反了自然界法则。一朵花一朵花辛苦采粉酿蜜是蜜蜂工作的自然法则。

"人一生于世，做事就要以全部身心之力。"罗斯金如是说。

菲利浦斯·布鲁克斯是这样看待生活的："生活在一个人眼中就是他知道自己该干些什么。"不要误解菲利浦斯·布鲁克斯的意思，他的意思并不是说：只有工作到身心疲惫，品尝了酸甜苦辣才叫生活。

工作是能够让人体会到快乐的，即使是那种最让人感到卑微的工作，也会如此。生活中，每个人都免不了受一些不良情绪的侵扰，诸如，自卑、失望、痛苦等等，但如果能做到在那时把精力都集中于工作上，这些不良情绪的侵扰就会减轻，甚至消失。在工作中，人会变得坚强起来，这种精神不但可以激励自己，而且还可以感染、温暖周围的人。

"有一条生活准则是每个人必须遵守的。"英国哲学家约翰·密尔说，"不管是最有成就的道德家，还是最为平凡的普通人，都无一例外要遵守这一生活准则。这条生活准则就是：在进行了各种尝试后，每个人都找到适合自己的工作，然后就要集中精力全身心投入工作中去。"

每一个有劳动能力的人都应该恪尽职守辛勤工作，生活的大门是不会为那些游手好闲、无所事事的人开放的，要想生活质量高，就必须要工作。

如果一个人能够做到全力以赴地去工作，那么即便他智力不高，水平一般，也同样可以取得一番成绩。尽管他先前也许不那么令人喜欢，但也会因此获得人们的好感。

有一句话说得很好，奖励不是比赛的最终目的，参与才是最重要的。

奥林匹克运动赛的优胜者会获得一个漂亮的花环，这种精神奖励远要比运动员获得的物质奖励贵重得多，它会使运动员的精神获得极大的满足。工作对于我们来说有同样的效果，不管我们的工作有多体面，薪酬有多丰厚，但与我们在工作中获得的快乐和满足相比都是微不足道的，那份快乐和满足才最让人回味。

爱默生说："回报是紧跟着勤奋工作后面的。""人们往往把在生活中应尽的职责当成一件单调至极的事。"诗人朗费罗说，"但是它起着至关重要的作用，它的作用犹如时钟表的发条一样，只有发条正常工作，钟摆才能够来回摆动，指针也才能指示正确时间，一旦发条停止工作，时钟也就失去了它应有的价值。"

英国政界要人布鲁厄姆勋爵认为，努力工作对一个人的健康生活非常重要，不但可以让人保持健康的心灵，而且还可以强健机体。他说，当他晚上回思一天的生活时，如果发现自己一天都没有好好工作，就非常懊悔，他认为这是在浪费生命。

工作可以塑造一个人的形象，可以使你的肌体更强健，精神更高昂；工作可以使你的思维更敏捷，逻辑更严密；工作还可以唤醒你沉睡内心的强大创造力，激发你的创业热情。总之，工作将使你学有所成，有所创造，在工作中，你的尊严和伟大之处将会显现，你才会成为一个受人敬重的人。

你当然可以把你的万贯家财留给你的儿子，但那又有什么意义呢？你不可能做到把你的经验、知识、阅历随着这万贯家财一同传给他；也不可能把你取得成功时的快乐、满足和克服困难时的体验传给他；你更不可能把你把才能转为财富的方法、技巧强输给他，万贯家财虽然很有诱惑，但那些品质要远比这些万贯家财要有用得多。你在积累这些巨额财富中，锻炼了意志，增长了见识，也增加了才干。因此，财富对于你来说，是见识、是才干、是经验、是教训、是意志，而对你的儿子来说，财富则是诱惑，可能会磨损他的意志，降低他的人格。财富在你手中，你能把它变成一座更大的金矿，而在你儿子手中，则有可能是个大包袱。财富可以激励你积极进取、奋力拼搏，但财富却可能让你的儿子好逸恶劳、游手好闲、恣意享乐。所以你把万贯家财留给你的儿子的同时，有可能把一些优良品质从他身上取走了，而这些优良品质才是你真正应该让你儿子拥有的。

你天真地以为，你的后人会在你牺牲自己成全他的基础上继续奋勇前进，创造更为美好的明天。岂不知，这只是你一厢情愿的想法，你给予他的并不是最好的基础、最佳的机会，而是一个容他堕落的广阔空间。你把他的受教育的机会、完善自我的机会以及工作的机会完全剥夺了。失去了这些宝贵的东西，任何一个人都不会得到真正的快乐，优良的品格也无从建立起来，最终定会堕落成一个不思进取、只知享乐的纨绔子弟。其实，在教育孩子时，最重要的是要告诫孩子要养成勤奋工作的习惯，这才对他最为重要。

运动员要想取得好成绩，只有勤学苦练，正所谓"养兵千日，用兵一时"，如果军队平时不勤学苦练，那么一旦战争来临，士兵和指挥员都惊慌失措，岂能不打败仗，生活中也同样如此。

迪恩·法拉说："工作是一份人人都享有的权利，它可以医治心灵创伤和精神疾病。自然界中下列现象经常见到：一潭不流动的水不久就会变臭，而一支细小的流动溪流却清澈见底。如果缺少了风雨雷电、阴晴圆缺，世界就未免显得太单调。如果一个地方长年四季如春、温度适宜，人们工作舒心，生活得舒服惬意，那么长久下去，人必定会觉得生活乏味，渐而心生厌倦。相反，那些整日东奔西走、努力工作、坚持奋斗的人却精神出奇地好，他们的潜力得到最大程度的发挥，他们自己也感到快乐。"

金斯利说："不管你愿不愿意，很多时候，在每天早晨醒来后，你都要强迫自己起来，开始一天的工作，并要努力做好，而那些赖在床上不起的懒汉，将无疑会失去这次锻炼的机会。"

我们人类得以繁衍生息，除了依靠勤奋工作外，别无他途。勤奋工作让贫穷的人开始了崭新的生活，使千百万人看到了生活希望，特别是那些精神不正常企图自杀的人，也由此重新踏上了生活之路。

"是工作挽救了我。"马齐奥教授说，"我曾经陷入沮丧的境地难以自拔，每一次都是长期养成的工作习惯把我解救出来。即使我对生活充满了绝望，我也能够保证不会倒下。在我看来，学术研究工作本身就充满了乐趣，因此，在解决政治、社会、宗教方面问题时，即使累得我筋疲力尽，我也乐在其中。"

古希腊医生加龙把劳动比喻成人体的天然保健医生。

"勤奋工作是修复人体创伤的最佳良药。"美国小说家马修斯说，"无论是生理疾病，还是心理疾病，都可以通过勤奋工作得到补偿。

但是，人们只把关注的目光投向那些热门的行业和要职，而不愿意再投身于那些磨练身心的艰苦工作。实际上，艰苦的工作是最好的对付倦殆、忧郁、懒散、萎靡的武器，是啊，没有一个勤奋工作、精力旺盛的人整日带着懒散、愁苦的面容。士气旺盛、渴望投身战场的士兵是无视于一个小伤口存在的。优秀的演说家也绝不会因为身上的小小毛病而影响他出色的演说。这是因为，当你的精神高度集中于一点时，其他不良情绪就很难侵袭你，相反，那些懒散、心灵空虚的人，因为其精神倦殆，那些自卑、空虚、忧伤、绝望等等负面情绪就会趁机而入，占据空虚的心灵，整个人也就随之消沉下去。"

俾斯麦更是把勤奋工作看成是一个人的生活保护神，他用了工作两个字，高度概括了生活准则的核心。他说，"人如果不工作，就会变得空虚、消沉，生命也就毫无乐趣可言"，他送了3个词给刚刚踏入生活门槛的年轻人，这三个词是："工作！工作！工作！""劳动永远是一切美的源泉。"卡莱尔说，"没有辛勤的劳动，一切创造都是空中楼阁，一切的梦想都是海市蜃楼。懒散、倦殆、游手好闲，就像传染病一样很快会蔓延开来，使人类的灵魂无以依托。"

一位智者说，"人类所有的疾病，无论是生理上的，还是心理上的，都可以通过勤奋工作来医治。勤奋工作的人，心中充满希望，不会茫然，而那些游手好闲、无所事事的人缺乏生活热情，他们内心只会有空虚和绝望。"

"脑力劳动也好，体力劳动也好，都是十分光荣和神圣的，其品性要高于天，宽于地。"

"世上只有两种人让我钦佩，一种人是那些默默无闻，只知埋头苦干的劳动者。他们日复一日，年复一年地亲耕亲为，不辞劳苦，在令人感动的劳作中，他们的尊严得到了体现，特别是那些从事重体力的劳动者，更叫人佩服。另一种叫我钦佩的人是那些为人类创造精神财富而不懈追求的人。他们的劳作虽然没有直接给人类带来物质财富，但却提高了生命的质量。我只钦佩这两种人，这两种人用他们的劳动换来了自己内心的满足和愉悦，除了这两种人，其他人都是对社会毫无意义的人。"

47.坚持就是胜利

◎奥里森·马登

在敌人的紧紧追赶之下，帖木儿皇帝慌不择路地躲进了一间几乎马上要倒塌的破屋里。心灰意冷的帖木儿皇帝悲从心生，不禁黯然神伤起来。忽然他被一只蚂蚁吸引住了，这只蚂蚁背着一个比它大好几倍的玉米粒正在爬越一个小山包。但每到最高处总是连着玉米粒摔下来，蚂蚁不甘心，一次次冲锋，终于在第70次时成功了。帖木儿皇帝不禁被蚂蚁的这种精神所感动，重新振作了精神，对前途又充满了信心。

失败对意志的考验有两种结果：一种意志薄弱，被失败击得粉碎；一种意志顽强，失败被击得粉碎。

富兰克林·皮尔斯是个有韧性的人，如若不然他也不可能成功问鼎总统宝座。当他在律师界里崭露头角之际，遭受到了致命打击。虽然他也苦恼不已，但他却依然没有心灰意冷。他说如果999次尝试都失败了，他仍然要满怀信心进行第1000次冲击。有这样一种坚韧精神的人，世上几乎没有什么事可以难住他，这种强大意志力可以摧毁一切。

"虽然说连瑞普雷、巴达维亚等老实人都认为西斯·格兰特是个极为普通的孩子，但实际情况却并非如此。"哈姆林·加兰说，"无论如何，一个年仅13岁的孩子独自驾着马车成功穿过无人烟的地带都算个奇迹。他依靠自己在机械方面的超前领悟能力把人力无法挪动的木头装进马车；他尝试着解决遇到的所有数学问题；他不会为了少干点活而投机取巧或大发脾气；他依靠自己的聪明才智训练出了一匹让自己随心所欲使唤的马；他还做到了正直、友善、忠诚，而远离欺骗。像这样的孩子表面上看来虽很平凡普通，甚至有些愚笨，但是他真正的价值是一般人难以看到的，他具备了必备的优秀品质、天生的聪明才智，以及好学上进的生活态度，再加上坚韧的意志力，这些注定了他生命中将铸造辉煌。"

格兰特在 16 岁时就意识到了退缩所造成的后果是非常严重的，而且是不可挽回的。因此他在着手制订计划或准备行动之前，都告诉自己，"向前，向前，再向前"。格兰特有一颗无畏无惧的心和一股勇往直前的锐气。他意志坚定，面对挫折谈笑自如。他从不空许诺言，从来都是说什么是什么。如果他告诉你，"我能做那件事"，那就意味着他对完成那件事有十足的把握。

艺术家弗兰克·卡本特在白宫创作《＜独立宣言＞的签署》时受到了格兰特的有益影响。原来，那段时期弗兰克非常焦躁，他突然想起了格兰特，就问一名工作人员，"你了解格兰特将军吗？他最大的特征是什么？"那个工作人员想了想，回答道，"格兰特将军有着不达目的不罢休的决心和强大意志力，一旦确定了目标，就会集中全部力量勇往直前，直至达到目标。"

林肯在年轻的时候就立志做一个有大众影响的人，为此，他积极汲取知识。为了练习演讲，他每天要徒步走上七八里路去一个辩论俱乐部，林肯戏称这种训练为"实践辩论术"。

为了学习英语语法，林肯向校长蒙特·格雷厄姆征求意见。

格雷厄姆校长说："要想学习语法，只有去一个学习班，可这个学习班距离这儿至少有 6 英里。"

林肯顾不得再听格雷厄姆校长说些什么，马上辞别了校长，径直朝那个学习班赶去。很快他借来了几本科克汉姆语法书。从此林肯专心致志投入学习语法中，他把所有的休息时间都用上了。他还叫上格瑞尼帮他"学习"，格瑞尼拿着书，林肯照章背诵。在遇到理解不了的地方，林肯就会找格雷厄姆校长帮忙解释。

林肯高度的学习热情感动了很多人，格瑞尼无偿借书，格雷厄姆校长义务帮忙，就连村里的木匠也时常给林肯一些刨花，每天晚上，林肯就用木匠师傅送的刨花点火照明学习，很快林肯就掌握了全部语法，并能熟练应用。

林肯就是以这种态度学习他认为该掌握的"科学的东西"，在学习的过程中，林肯还认识到只要做到全力以赴，没有完成不了的事。

小时候的丹尼尔·韦伯斯特同别的孩子一样平凡普通，人们也并未多关注他。在进入新汉普郡的埃克塞特学院学习没几天，丹尼尔就哭着回来了。一个邻居问他为什么哭，丹尼尔说他对未来失去了信心，在他向全班讲述了自己的伟大梦想后，遭到了全班同学的耻笑"一个成绩最差的劣等生的白日梦。"韦伯斯特伤心极了，他决定弃学回家。这个邻居听后说："韦伯斯特，做人不能没有意志力，更不要随意放弃，如果你现在放弃了学业，我敢保证你要后悔一辈子。听我的话，丹尼尔，回到学校去，努力学习。"韦伯斯特想了想，重新回到了学校。

不久以后，丹尼尔的成绩开始直线上升，很快名列前茅，并且一直保持了下去。生活中许许多多的人之所以经常遭受着失败的打击，其中主要原因在于他们走得不够远，也就是说他们还没有完全掌握应该掌握的东西，就急于尝试，所以遭受失败是完全正常的事。

美国国家专利局里经常堆满了一些马上要成功的发明产品，只需要发明者再稍稍努一下力，情形就会大为改革，结果也会截然不同，但差就差在那一点点上。

48. 创造性天才

● 爱迪生

　　伟大的天才人物并不是全部为世界所欣赏，这是因为他们那些令人惊叹、喜爱的作品，并不是凭借于技巧和学识，而是由于他们的天赋才情而创作出来的。在这些伟大的天才人物身上似乎有些伟大的品质，这些东西的美是法国人称之为文人才子的所有品格和修饰的美所远远不能比拟的，他们靠这些东西表现出一种天才，而这种天才是在交际、思考和阅读最高雅的作品的过程中培育成的。那些伟大的天才可以在涉猎高尚艺术和科学中捕捉信息，进而陷于模仿的境地。

　　在人类的历史中，许多伟大的天才人物，在其成功的道路上从未受过艺术规律的限制和束缚。在荷马的作品中，想像的奔放是维吉尔力所不及的，而在《旧约全书》中我们看到，有些章节又比荷马作品中的任何章节都更为庄严和崇高。在认为古代人是更伟大和更富于魅力的天才的同时，我们必须承认，他们中间最伟大的人物可以说远远不能超过现代人的精细与恰切。在他们的暗喻或明喻的创作中，只要某种相似性的存在与否而对比喻的合宜不加考虑。例如，所罗门把他爱人的鼻子比做面朝大马士革的黎巴嫩塔楼，就像夜间盗贼进宅。在《新约全书》中也有类似的比喻。古人描写中个别的过失，为那些庸才俗子的讥讽嘲笑敞开了广阔的言路。荷马用麦田中一头被全村孩子痛打而无法移动一步的驴子，来比喻他的一位被敌人包围的英雄。而把另一位在床上翻来滚去并且怒不可遏的英雄，比做一块在煤火上烘烤的鲜肉。他们根本体味不到描写伟大作品的崇高美，只知道嘲笑作品中的某种不合礼仪。

当代的波斯皇帝遵奉东方人的这种思维方式，在许许多多自命不凡的头衔之中，选取了光辉的太阳和快乐的树种。简单地说，要放弃那种对古人创作中微小瑕疵的探究。特别是热带的那些古人，他们的想像最热烈也最生动，因此我们必须以一丝不苟的精雕细刻的创作精神来弥补我们气魄和力量的不足。我们的同胞莎士比亚就是这种第一流伟大天才的卓越典范。

49. 人的艺术型和思维型

◎ 巴甫洛夫

通过对各种不同的神经官能症患者的分析，我最终得出了一个结论：歇斯底里和精神衰弱是人所特有的两种神经官能症，并且与人的两种高级神经活动类型有微妙的联系。人的两种高级神经活动类型，一种是艺术型，是与动物相类似和接近的一种类型，因为动物也是仅以直接感受器来感知那表现为印象的全部外在世界的；另一种类型乃是思维型，它是以第二信号系统工作的。因此，人脑是由动物的大脑和表现为词的人的大脑部分所组成的。第二信号系统是从人类起才开始占有优势的。可以设想，在某些不利的条件之下，在神经系统衰弱的情形之下，如果能重新进行大脑的种族分析的话，那么有的人就可能主要是运用第一信号系统，有的人可能主要是运用第二信号系统。这就把人的本性分为两种，一种是艺术的，一种是纯理智的、抽象的。

在各种不同的，如果不利条件之下这种分歧达到极大的程度时，那时人类高级神经活动的这种复杂性就发生病态表现，可以说，就成为夸张艺术家和夸张思想家（病理学）。在我看来，前者相当于歇斯底里病人，后者相当于精神衰弱患者。我曾经在神经病院见过许多神经官能症患者。如果就这些病人的无生活能力和不活动情形而言，有种种事实可以证明，精神衰弱患者在生活上必定较歇斯底里患者更加无能为力。许多歇斯底里病人都会变成生活上的"大活动家"（就连那位创立某种特别宗教的美国女子，她虽然是个典型的歇斯底里病人，但她也赚得了百万横财和声誉）。相反，就生活而言，那些只运用词的精神衰弱患者大部分是完全孤立无助的，而且无论在什么地方都不适合。当然，有些歇斯底里病人在生活方面也达到了极度的混乱，他们同样不能给自己找到生活位置，结果成为他自己和别人的一种负担。

我曾经给我自己提出这样一个问题，动物患神经官能症的情形又是怎样的呢？很显然，在动物中间，精神衰弱患者是不可能有的，因为它们没有第二信号系统。归根到底，第二信号系统都是由人的一切复杂关系转变的，我们已形成了词的、抽象的思维。第二信号系统是生活关系上最早的和最经常的调节器，动物没有这个调节器。动物的第一信号系统决定着它们的一切，直到最高峰的高级神经活动。人的第二信号系统，按照两条轨道分别作用于第一信号系统和皮质下部。其一，第二信号系统是以它的非常发展的，而为皮质下部所缺乏的，或者差不多缺乏的抑制（应想到在第一信号系统内，这种抑制是较不发达的）来发生作用；其二，第二信号系统是以它的积极活动——诱导规律——发生着作用。既然我们的活动都被集中到词的部分内，即第二信号系统内，那么第二信号系统的诱导作用就必定要作用于第一信号系统和皮质下部。

这样类似的作用不可能出现在身上。不过这样的关系或许可以表现为这种形式，即抑制过程在第一信号系统内（动物的第一信号系统是在皮质下部上面）是很微弱的。如果这种关系存在，即动物的第一信号系统也是这种皮质下部的调节器的话，就能够形成实际上类似于歇斯底里病人情况的关系，而且如果在动物的第一信号系统内抑制过程是很微弱的话，皮质下部就会发生一种不适合于外来刺激物作用条件的骚扰。可见，动物也许有某种类似于歇斯底里病人的东西。所有的论述即可表明，我们人有第二信号系统于皮质下部的压力。实质虽然是相同的，不过在前一种场合，其抑制来源是双重的（一部分渊源于积极系统，另一部分渊源于主动的活动），而后一种场合的来源却是唯一的。

我之所以产生这种想法，主要源于柯尔土什庄中一只名叫"威尔尼"的狗身上。这是一条真正狂躁的不可抑制型的狗。它只允许主人接近，其他人休想碰到它的皮毛。它的食物反射是狂暴的。在它的身上，我们已经很长时间看不到多少还勉强过得去的条件反射系统了。

这很类似玛·卡（苏联学者）的那只阉割了的狗的情形。不管刺激物的强度怎样，也不管分化完全与否，总常常出现超反常现象。在条件刺激物发生孤立作用的时期内，其反射过程是颇令人感兴趣的：在开始的五秒钟，它分泌出大量的条件唾液来，而在后五秒钟则完全没有这种条件唾液（即等于零）。我可以毫不犹豫地断言，这是歇斯底里病者，它那调节着神经系统和皮质下部能量的第一信号系统是完全无能为力的。在这里，信号系统作用与皮质下部的情绪基调之间缺乏适应性。这完全可以证明，当我们用溴素加强了第一信号系统内的抑制时，那时它的秩序就会建立起来了。如果用药达到大剂量时，即为6克，我们还可以大大地调整这种混乱状态。

因此，在现实当中，很可能会把"威尔尼"认为是歇斯底里病患者而忽视它，认为第一信号系统对于上皮质下部情绪基调并没有多少显著重要的调节作用。

50. 观察和思考

◉ 池田大作

人们经常说要转换观点，不断地转换观点，或者说不断地发现新的着眼点，这是促使人类进步的一个起点。在科学领域也是如此，而且会发生更为明显而重大的观点转换，如近代由天动说变为地动说，到 20 世纪又产生了爱因斯坦的相对论。

人类有一种习性，喜欢在现成的框架中生活，而且这个习性顽强地扎根在人的心灵深处，一旦你想跳出框架，它就会使出惊人的力量拖住你。可以说无论是个人还是社会的机构，在这一点上都是同样的。

从古至今，日本这个社会总是从日本的立场出发来观察世界。对于个人来说当然要以自己为中心去观察别人。但是，借助他人的眼睛来观察自己也是非常重要的。这和天文学的观点转换有相通之处，以地球为中心就形成天动说，以太阳这一外在天体为中心，就重新认识了地球。因此不能再以日本为中心观察世界，而要借助世界性的客观目光重新审视日本。我觉得现在比任何时候都需要这种观点的转换。

说起平等，人们就会想到物质、金钱及社会地位的平等，或想到个人自身的平等，在此需要说明的是平等就是要把所有人都作为客观存在来尊重。这就涉及改变观念的问题，以这个关于人类尊严的平等观念作为绝对的前提，就能理解所有人应享有能发挥自己特长的条件及权利的平等，而且必须享有和各自特长、能力、功绩相适合的报酬方面的物质平等。与此相反，如果一味强制推行报酬方面的平等，那么，相对人与人的差别来说反而变成了不平等，进而导致漠视人的尊严的恶果。而且在设置和个人差别相适合的报酬差别之时，也必须注意人的尊严。

人类有着相当顽固的执著心。人一旦认准某种价值观就会被它束缚，看起来人在进行自由的思考，实际上往往是在作茧自缚。因此，只有抛弃这个执著心，新的创造才能产生。

理性万能、科学万能也是执著心的表现之一。不只我一个人认识到，过去也许这个观念还可以使用；现在这一信念已经过时了，而且正在发生彻底的动摇。转换观点的时机已经到来。可以说，所谓进步就是从固定变为动摇，并带来新的思考，随后产生新创造的过程。

51. 无益的优点

◉ 休 谟

一个人的优点与缺点是相互对应的，这种优点会使他比全身缺点要更加可悲。一身都是毛病的人容易因为受困而惊醒，可是如果他有慷慨大度和友善的性格，能活跃地关照他人，使他能得到很多幸运和奇遇，就是他的最大的不幸。羞恶之心，在一个有毛病的人身上确实是一种美德，可是它产生的是巨大的不快和悔恨。但也正因为如此，有的坏人才能完全摆脱罪恶而从善。没有友善的心肠，却徒有一副多情的面孔的人，在无节制的恋爱里比豪放性格的人更幸运，但这个人因此就丧失了他自己，完全成为自己情欲的奴隶。

性格上的郁郁寡欢，对我们的情感来说确实是个缺陷和不足，但它常常伴随着高度的荣誉感和正直诚实，在很高尚的人品中就时常能见到它，尽管它足以使生活加重痛苦，给人的影响很坏。反之，一个自私的坏蛋可以具有活跃快乐的性格和某种欢快的心情，这的确是一个好品质，可是他借助这点好处，使他受到了多大的惩罚啊！即使他交了好运，他的好些罪过也会使他悔恨和不得安逸。

52. 抉择

● 休　谟

　　一个人在选择他的生活道路时，可以根据他的兴趣爱好进行选择；为确保比另一个追求相同目标的人更加成功，却可以采取许多办法。

　　如果你追求的主要目标是财富，那你就要专心你那一行，以获得熟练技能；要勤勉地实际练习它；要扩大你的朋友和熟人的范围；要避免享乐和花哨；决不要做无谓的慷慨大方，而要想到你必须节俭才能得到更多的钱。

　　如果你想得到公众的好评，你就要避免过谦和狂妄这两种极端，显出你是自尊的，但也没有轻视别人。如果你陷入这两种极端之一，那你就会由于你胆小如鼠的谦卑和你似乎喜欢说些低声下气的话让别人看不起你，就会由于你的傲慢而激起人们对你的傲慢或者态度。

　　你可能认为这些不过是教人遇事斟酌，小心谨慎罢了，每个孩子都受过这方面的教育。每个头脑健全的人在他选定的生活道路上都是这样做的。可是你还想得到的更多东西又是什么呢？——是的，我们应该怎样选择我们的生活目的，而不是达到这些目的的手段。因为我们不知道选择什么志向能使我们满意，什么情感我们应当依从，什么嗜好我们应当迷恋。

53. 论爱

●雪　莱

你垂询什么是爱吗？当我们在自身思想的幽谷中发现一片虚空，从而在天地万物中呼唤、寻求与身内之物的通感对应之时，受到我们所感、所惧、所企望的事物的那种情不自禁的、强有力的吸引，就是爱。

倘使我们推理，我们总希望能够被人理解；倘若我们遐想，我们总希望自己头脑中逍遥自在的孩童会在别人的头脑里获得新生；倘若我们感受，那么，我们祈求他人的神经能和着我们的一起共振，他人的目光和我们的交融，他人的眼睛和我们的一样炯炯有神；我们祈愿漠然麻木的冰唇不要对另一颗火热的心、颤抖的唇讥笑嘲讽。这就是爱，这就是那不仅联结了人与人而且联结了人与万物的神圣的契约和债券。

我们降临世间，我们的内心深处存在着某种东西，自我们存在那一刻起，就渴求着与它相似的东西。也许这与婴儿吮吸母亲乳房的奶汁这一规律相一致。这种与生俱来的倾向随着天性的发展而发展。在思维能力的本性中，我们隐隐约约地看到的仿佛是完整自我的一个缩影，它丧失了我们所蔑视、嫌厌的成分，而成为尽善尽美的人性的理想典范。它不仅是一帧外在肖像，更是构成我们天性的最精细微小的粒子组合。它是一面只映射出纯洁和明亮的形态的镜子；它是在其灵魂固有的乐园外勾画出一个为痛苦、悲哀和邪恶所无法逾越的圆圈的灵魂。这一精魂同渴求与之相像或对应的知觉相关联。当我们在大千世界中寻觅到了灵魂的对应物，在天地万物中发现了可以无误地评估我们自身的知音（它能准确地、敏感地捕捉我们所珍惜并怀着喜悦悄悄展露的一切），那么，我们与对应物就好比两架精美的竖琴上的琴弦，在一个快乐的声音的伴奏下发出音响，这音响与我们自身神经组织的震颤相共振。这——就是爱所要达到的无形的、不可企及的目标。

正是它，驱使人的力量去捕捉其淡淡的影子；没有它，为爱所驾驭的心灵就永远不会安宁，永远不会歇息。因此，在孤独中，或处在一群毫不理解我们的人群中（这时，我们仿佛遭到遗弃），我们会热爱花朵、小草、河流以及天空。就在蓝天下，在春天的树叶的颤动中，我们找到了秘密的心灵的回应：无语的风中有一种雄辩；流淌的溪水和河边瑟瑟的苇叶声中，有一首歌谣。它们与我们灵魂之间神秘的感应，唤醒了我们心中的精灵去跳一场酣畅淋漓的狂喜之舞，并使神秘的、温柔的泪盈满我们的眼睛，如爱国志士胜利的热情，又如心爱的人为你独自歌唱之音。因此，斯泰恩说，假如他身在沙漠，他会爱上柏树枝的。爱的需求或力量一旦死去，人就成为一个活着的墓穴，苟延残喘的只是一副躯壳。

54. 理想与幸福

◉ 奥斯特洛夫斯基

车子、房子、票子、妻子、儿子，这些在我的理想之中所占比重较小。对我来说，最大的幸福莫过于做一名战士。个人的一切都不会永葆青春，都不能像公共事业那样万古长存。在为实现人类最大幸福的斗争中，要做一名永不掉队的战士，这就是我一直视为最崇高的目标。

最该死的人是自私自利者。须知，他只是为了自己才孤独寂寞地活在这个世界上。一旦抹掉了他们这个"我"字，他们也就形同枯槁，活着对他来说，再也没有任何意义了！但是，如果一个人不是为了自己而活着，而是为了整个社会呕心沥血，那他就可获得永生。因为，如要他灭亡，就首先要毁灭他周围的一切，毁灭整个国家和整个生活。我个人的死亡，只是自己生命的消失，可是我们的大军却一直向前，势不可挡。一个战士，即使他在镣铐锁身的情况下死去，但当他听到自己部队那胜利的欢呼声，他也会得到一种最终的而且是至高无上的安慰。

拿我为例，活着的每一天都意味着要和巨大的苦痛做斗争。我是在说这十年来的日子。也许你们会说，怎么会天天看到我的微笑。这是发自内心的，饱含着幸福和欢乐的微笑。尽管我忍受着自己病躯的种种苦痛，但我仍然为我们国家的每一个胜利而欢欣鼓舞。因为这对于我来说，是最令我感到快乐的事，虽然活着是非常美好的，但不能单单只为了活着，我们还要斗争，还要赢得胜利！

现在，我觉得自己像冰雪融化那样越来越虚弱了。因此，我要比以往更加珍惜时间，趁我现在还能感到生命之火在心头燃烧，大脑神经还在闪光跳动。我虽经受了身体的巨大悲哀和不幸：双目失明，全身瘫痪，遍体疼痛。但是我仍然感到自己十分幸福。这倒不是因为政府奖赏了我。不，没有这些，我同样是快乐和幸福的！要知道，我所追求的绝不是这些加在我身上的物质的东西，我所追求的是比这高得多的幸福。

55. 生与死

◉ 达·芬奇

啊，你睡了。睡眠是什么？睡眠是死的形象。唔，你的工作为什么不能成为这样：死后你成为不朽的形象，好像活着的时候，你睡得成了不幸的死人。

除了死亡，每一种灾祸都在记忆里留下悲哀。死亡是最大的灾祸，记忆和生命被它一股脑儿毁灭了。

勤劳的生命带来愉快的死亡，正像劳累的一天带来愉快的睡眠一样。

当我想到我正在学会如何去生活的时候，我已经学会如何去死亡了。

时光飞逝，它偷偷地溜走，而且相继蒙混，再没有比时光易逝的了。但是，能收获荣誉者，必然是播种道德者。

废铁会生锈；死水会变臭；懒惰甚至会逐渐毁坏头脑的活动力。

生命若勤劳，必然能长久。

时光犹如河川之水，你所触到的前浪的浪尾也就是后浪的浪头。因此，你要格外珍惜现在的时间，此时此刻。

人们痛惜时间的飞逝，抱怨它去得太快，看不到这一段时期并不短暂，这都是非常错误的。自然所赋予我们的好记忆使过去已久的事情如同就在眼前。

因为发现在许多年前的许多事情和现在仿佛是密切关联的，所以我们的判断不能按照事情的精确顺序，推断不同时期所要过去的事情。目前的许多事情到我们后辈的遥远年代将视为邈古。对眼睛来说也是如此，远处的东西被太阳光所照的时候仿佛就近在眼前，而眼前的东西却仿佛很远。

时间，你销蚀万物！嫉妒的年岁，你吞噬万物！而且用尖利的一年一年的牙齿吞噬万物，一点一点地、慢慢地叫它们死亡！海伦，当她照着镜子，看到老年在她脸上留下憔悴的皱纹时，她哭泣了，而且不禁对自己寻思：为什么把她带走两次？

哦，时间啊，万物被你耗蚀！哦，嫉妒的年岁，你摧毁万物！

56. 怎样与女性相处

◉ 卡耐基

雷纳·克瑞尔是康奈尔大学文理学院的院长，他在提到有关美满婚姻的蓝图时说道："今日的婚姻是否美满，要看双方的心理是否成熟。也就是说，他们是否了解自己、了解双方的关系，并且愿意分担对方的责任，以增进双方的快乐与福利。"

克瑞尔院长指出，家庭关系的维持，必须凭借内在价值的满足，如感情、友谊、价值观等，万不可以强求的方式取得。

克瑞尔院长说得对，感情、友谊这些内在价值是不可强求的，但却能用行之有效的方法进行培养、助长或加强。青年朋友们不妨一试：

经常感谢她、称赞她

不管生活如何困难、艰辛，丈夫们一定要记住：不能缺少了太太们的衣食需求，不要忘记多称赞她、感谢她。

然而，令人费解的是，许多男士竟不明白这一点对女性的重要。他们总以为，仅是娶她为妻这个理由就足以说明自己是如何爱她，但是太太们都喜欢有人不时地肯定她们的行为。

纽约的专栏作家罗伯·普洛先生曾写过许多书，无数人羡慕他，因为他娶了一位美丽聪慧的太太。珍妮可说是位称职的贤妻，但珍妮却认为罗伯才是世界上独一无二的贤夫。罗伯知道如何让珍妮有这种感觉。他每出版一本新书，总不会忘记在首页写上"献给珍

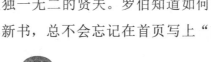

妮——我的妻子、我生命的全部"诸如此类动人的言辞。这些题字比起支票上的数字更能打动女人的心，它表示了男人对妻子的尊重和赞许。

要慷慨大方，要体贴关心

男士们错误地认为，所谓慷慨，就是大方地付清所有账单，不发一句牢骚，或者给她额外的零花钱等。其实许多女人所需要的慷慨是不用花一文钱的。比方，男士可以说些"啊，当然，你可以请妈妈过来住一阵子，我们一定好好招待"这一类体贴的话。假如你能在别人面前特别注意她的需要，时时表示你对她的关心，这样的慷慨比金钱的慷慨要有用得多。

不知你有没有这样的经历？就是猜饭店里的伴侣，有哪些是已结婚的？你可以看到有些伴侣不言不语——男的低头专心吃着美味的牛排，女的则食不知味地左顾右看——好像这一对的结合是抽奖配对而成的。有些伴侣则截然不同——男的百般殷勤，对女方照料得无微不至，好像她是易碎的玻璃做的。通过这些不同的表现，很容易就能猜出哪些伴侣已经结了婚，哪些伴侣还在热恋中。

我曾应邀参加过一个招待会。会场上，地位显赫的男主人对每个人都极为殷勤有礼——唯独对自己的太太例外。无论是他的眼神或举止，似乎都没有显示他重视太太的存在。他的太太在陌生人群当中显得手足无措，可他的丈夫却谈笑风生，惹得许多人围在他身边听他畅谈。其实，在这种公共场合，分一点关注给自己的太太并不会影响他的公共关系，反而有助他的形象，还可增进他与太太之间的关系。不久，果然听说他们的婚姻关系发生了变化，濒于离婚的边缘，这听起来也是在大家的意料之中。关怀、慈善和种种好的行为，应该从自己身边做起，从自己的家庭做起。

了解她的工作情况

现在，大部分女士在婚前都有过从业的经验，也多少了解一些工作要求和环境压力。

但有许多女性在结婚之后，由于多种原因必须留在家里，这时，男士们就应该去了解另一半的工作环境。家庭主妇的工作环境通常比较狭小，局限性强，她的工作量和忙碌的情形绝不亚于在外工作的丈夫。而且，她的工作是相当繁杂的，包括照顾体弱多病的老人、修剪草坪、粉刷墙壁等。

主妇们每日的家务通常十分单调，并且一再重复，如煮饭、洗衣、清扫、购物等。此外，还要照顾小孩子、娱乐家人、协调邻里关系……工作负荷十分沉重，她们任劳任怨的唯一需求，便是得到家人的肯定和感谢。

家庭主妇也不能常常把自己禁锢在日常生活的小圈子里，以免因单调的工作而变得乏味和无聊；应该找机会了解丈夫的工作性质和环境，以便两人的生活不至于脱节。但这需要丈夫的支持与配合，丈夫应该想办法稍作妥协，使妻子也能有机会放松自己的身心，愉悦欢快地生活。

分享她的爱好

幸福的婚姻生活是由双方所具有的"分享"和"合作"的能力决定的。在处理任何家庭事件的时候，"你"和"我"的心态必须改成"我们"，如：我们到哪里度假？我们的床垫需不需要再加厚些？我们需不需要买新电视机？等等。假如夫妻双方能彼此了解对方在生活中所扮演的角色。那么，在决定这些事项的时候，双方就很容易达成一致，而不会因琐事出现矛盾。

作家安德烈·毛洛斯是一个对人情世故有敏锐观察力的人。他在谈到男性如何与女性相处时说道："要对她们的装扮、她们料理家务的辛劳、她们的某些特殊感觉等这些她们看重的事情表示感兴趣。如果你有时间，还应陪太太逛逛街、买些东西……在某些事情上提一些参考意见……假如她喜欢音乐、绘画或文学，则要试着去了解她的爱好，相信不多久你就会发现，原来自己对太太爱好的这些东西其实也有极浓厚的兴趣"。

爱你的妻子

作家维琪·包姆曾说过："被爱的女性，永远不会失败。被爱是女性成功的重要因素，因此丈夫在此所扮演的角色十分重要。结婚，并不意味着把一枚戒指套在她的手指上就大功告成，而是在往后的每一个日子里都让她知道：你是多么高兴与她生活在一起。"作家莫达·雷德则深有感触地说："男人喜欢感到被爱，女人则喜欢你告诉她。"

有些丈夫对开口说"我爱你"，觉得十分难为情。关于这一点，男士们应该省悟，其实你不一定非要像情人那样去谈情说爱；太太们并不迟钝，她们会在各种无言的暗示中体会出你的心意来，如她生病时你关切地望着她、看电影的时候轻握住她的手、温柔的拥抱、问寒问暖等。

许多女士都有这种体会：婚前那么热情求取欢心的丈夫，婚后却判若两人，他们再也没有了任何情爱的表示。有位名叫杰克·杜门的年轻人，不久前曾写给我一封信，讲述了他的婚姻故事。

杜门先生是加拿大安大略人，他说他用心选择了一名理想中的妻子——聪明美丽，可说是完美女性的化身。但是，结了婚之后，杜门先生便开始忙于事业，而把整个家庭完全抛给了太太。

这使他们5年的婚姻生活过得十分糟糕。有一天，他又和太太发生争执，两人大吵了一架。之后，刚刚4岁大的儿子问父亲："爸爸，我觉得妈妈非常好，难道你不喜欢她吗？"一霎时，杜门觉得自己好像是儿子眼中的大坏蛋。"我忽然体会到这个'妈妈'的分量，而我也一直是爱她的。"杜门先生说道："因为她一直担着家庭的责任为家庭做着贡献——4岁大的儿子长成一个健康活泼的男孩，这都是她努力的结果，而不是我。我一直没有尽到做父亲和丈夫的责任，如果这个家因此而崩溃，全是由我一手造成的。此后，我决定要弥补过失，便请求太太帮助，帮助我做一个'贤夫良父'。十分感谢她，她的确这么做了。现在，我们的婚姻状况改善多了，不但彼此的感情比较成熟，也彼此互相敬重。我们又添了一个女儿，还有千金难买的快乐生活。我想，我再也不会犯以前那种愚蠢的错误了！"

爱上一名女子并非仅仅只是简单的情绪问题，这同时还包含一个人的所有品质，如知性、感性、礼节及对人是否敬重等。许多男性都以"女性是难以理解的动物"这种老掉牙的借口来掩饰他们在某些方面的弱点。这些人宁愿相信："男性用的是直流电，女性用的则是交流电。"因此双方无法达成协调的步调。他们之所以承认这种说法，是因为如此他们可以逃避许多问题，不用去尝试各种解决方法。在此，我要告诉这些男士：现代的女性并不是不可理喻的太空怪物，虽然我们性别不同，但仍然是人，而人的情感是相通的，是能够相互了解的。现实中就有许多男性了解女性，也了解他们的妻子。

了解自己的妻子要从哪里做起呢？最好由爱她开始做起，并让她知道。否则，婚姻对双方都不是什么有趣的事。

男人追求自我进步，通常只局限于如何赚钱，或如何在就业市场上更具竞争实力，以便成为"杰出男性"等。至于在家庭关系上，他们似乎颇为自满，他们很少读杂志或书籍，很少听演讲或修习课程，不会去研习哪些是教导男性要如何成为一个好丈夫，或如何吸引妻子及如何引起她们的注意力，等等。似乎婚姻生活的改善完全是女人的事，与男人毫不相干。

男人对自己的所作所为也有充足的理由：必须负起大部分的家庭经济负担，必须把大部分精力用来改进自己的工作能力，必须要应付同行业之间的残酷竞争，等等。但是，女性非只靠"面包"生活，婚姻也不能只靠"面包"来维持。经济能力只是男性责任的一部分，他更大的责任是维护婚姻的稳同以及家庭的快乐。

密尔斯大学校长林·怀特先生写了一本极好的书——《教育我们的女儿》。他在书中批评大学对妇女的教育不当、男女不分。他认为，妇女的教育课程应经过特别设计，以符合女性的特殊需要。他又说，由于女性将来都要成为人妻，成为人母，所以应该在这方面特别强调，以免女性进入婚姻殿堂后手足无措，顾此失彼。

这种论调听起来有一定道理，但仍没有解决要如何维持美满婚姻的问题。假如只单方面教育女性如何做个好妻子、好母亲，而男性却仍然只业余性地当个丈夫或父亲，这对婚姻生活又会增加多少好处呢？婚姻是人类经验中很重要的一部分，为什么不也同样对男性施以这方面的教育呢？别忘了，女人以后要嫁的就是他们啊！

自从有了人类，家庭便是最基本的团体组织。它不但维系人类目前的实际需要，也是将来的希望。它兼有保护、养育及教导的功能，是人类最神圣的组织。

如此重要的组织，其维护工作岂可单由女性来负责？女性实际花在家庭上的时间要比男性多，但男性更需要这个养精蓄锐的地方。

家庭的功能并非只是一个提供吃喝、睡觉或喂养小孩的地方，家庭还能提供许多其他的东西，这些东西使得家庭变得更重要、更具有价值。它包括温情、彼此关爱、喜怒哀乐的分享等。一个女性很难单独提供所有这些东西，这必须由男女双方来共同负责。

耶鲁大学的人际关系教授大卫·梅斯曾如此写道："婚姻是我们是否成熟的最好试金石。你若不想关心别人，最好是单独生活。但你若想与另一个人极亲密地生活在一起，便必须具有关爱别人的能力，这才是成熟的表现。每个人的婚姻必将导致两种结果：一是使我们变得成熟；二是使我们尝到不成熟的苦果。"

57. 别为小事烦恼

◉ 戴尔·卡耐基

活在世上只有短短几十年，却浪费了很多时间去为一些很快就会忘却的小事犯愁。

给你讲一个最富戏剧性的故事，主人公叫罗博·摩尔。

"1945年3月，我在中南半岛附近276英尺深的海下，学到了一生中最重要的一课。当时，我正在一艘潜艇上。我们从雷达上发现一支日军舰队——一艘驱逐护航舰、一艘油轮和一艘布雷舰——向我们这边开来，我们发射了3枚鱼雷，都没有击中。突然，那艘布雷舰直朝我们开来（一架日本飞机把我们的位置用无线电通知了它）。我们潜到150英尺深的地方，以免被它侦察到，同时做好了应付深水炸弹的准备，还关闭了整个冷却系统和所有的发电机器。

"3分钟后，天崩地裂。6枚深水炸弹在四周炸开，把我们直压到海底276英尺的地方。深水炸弹不停地投下，整整15个小时，有十几个就在离我们50英尺左右的地方爆炸——若深水炸弹距离潜艇不到17英尺的话，潜艇就会被炸出一个洞来。当时，我们奉命静躺在自己的床上，保持镇定。我吓得无法呼吸，不停地对自己说：这次死定了……潜艇的温度几乎有摄氏40多度，可我却怕得全身发冷，直冒冷汗。J5个小时后，攻击停止了。显然那艘布雷舰用光了炸弹后开走了。这15个小时，在我感觉好像有1 500万年。我过去的生活——在眼前出现，我记起了做过的所有的坏事和曾经担心过的一些实际很无聊的小事。我曾担忧过：没有钱买自己的房子，没有钱买车，没有钱给妻子买好衣服。下班回家，常常和妻子为一点芝麻小事吵架。我还为我额头上一个小疤——一次车祸留下的伤痕发过愁。

"多年之前那些令人发愁的事，在深水炸弹威胁生命时，显得那么荒谬、渺小。我对自己发誓，如果我还有机会再看到太阳和星星的话，我永远不会再忧愁了。在这 15 个小时里，我从生活中学到的，比我在大学念 4 年书学到的还要多。"

我们一般都能很勇敢地面对生活中那些大的危机，却常常被一些小事搞得垂头丧气。拜德先生也发觉了这一点，他手下的人能够毫无怨言地从事危险而艰苦的工作，"可是，我知道，有好几个同屋的人彼此不说话，因为怀疑别人把东西乱放，占了自己的地方。有一个讲究'空腹进食细嚼健康法'的家伙，每口食物都要嚼 28 次，而另一个必须找到一个看不见这家伙的位子坐着，才吃得下去饭。"

权威人士认为，"小事"如果发生在夫妻生活里，还会造成"世界上半数的伤心事"。芝加哥的约瑟夫·萨巴士法官，在仲裁过 4 万多件不愉快的婚姻案件之后说道："婚姻生活之所以很不美满，根本的原因往往都是一些小事。"

实际上，要想克服一些小事引起的烦恼，只要转移看法和重点就可以了——让你有一个新的、开心点的看法，我的朋友，作家荷马·克罗依说："过去我写作的时候，常常被纽约公寓照明灯的响声吵得快要发疯了。后来一次我和几个朋友出去露营，当我听到木柴烧得很旺的响声时，突然想到：这些声音和照明灯的响声一样，为什么我会喜欢这个声音而讨厌那个声音呢？回来后我告诫自己：'火堆里木头的爆裂声很好听，照明灯的声音也不错。我完全可以蒙头大睡，不去理会这些噪声。'结果，头几天我还注意它的声音，可不久我就完全忘记了那些。"

吉贝林和他舅舅打了维尔蒙有史以来最有名的一场官司。吉贝林娶了一个维尔蒙的女子，在布拉陀布建了一所漂亮房子，准备在那儿安度晚年。他的舅舅比提·巴里司特成了他最好的朋友。他们俩一起工作，一起游戏。

后来，吉贝林在巴里司特那里买了一点地，事先商量好巴里司特可以每季度在那块地上割草。一天，巴里司特发现吉贝林在那片草地上开出一个花园，他有些生气，暴跳如雷。吉贝林也反唇相讥，弄得维尔蒙绿山上乌云笼罩。

几天后，吉贝林骑自行车出去玩时，被巴里司特的马车撞在地上。这位曾经写过"众人皆醉，你应独醒"的名人也昏了头，告了官。巴里司特被抓了起来。接下去是一场很有趣的官司，结果使吉贝林携妻永远离开了美丽的家。而这一切，只不过为了件很小的事——一车干草。

哈瑞·爱默生·富斯狄克讲过这样一个故事："在科罗拉多州长山的山坡上，躺着一棵大树的残躯。自然学家告诉我们，它有400多年的历史，在它漫长的生命里，被闪电击中过14次，无数次狂风暴雨侵袭过它，它都能战胜。但在最后，一小队甲虫的攻击使它永远倒在了地上。那些甲虫从根部向里咬，渐渐伤了树的元气，虽然它们很小，却是持续不断地攻击。这样一个森林中的巨木，岁月不曾使它枯萎，闪电也不曾将它击倒，狂风暴雨不曾将它动摇，却因一小队用大拇指和食指就能捏死的小甲虫，而倒下了。"

我们不就像森林中那棵身经百战的大树吗？我们也经历过生命中无数狂风暴雨和闪电的袭击，也都撑过来了，可是却总是让忧虑的小甲虫咬噬——那些用大拇指和食指就可以捏死的小甲虫。

58. 人生的意义

◉ 汤川秀树

同学们，你们正值青春年龄，你们有着非常长远的未来。从你们的年龄看来，你们今后平均将有六十年左右，你们的生命将跨过 20 世纪进入 21 世纪。在这个期间，世界将发生哪些变化呢？

回忆 20 世纪前半期的六十年代中期，世界上发生的那些显著变化，就可以想象未来五六十年中将会发生的巨大飞跃。

人世间演变的起因究竟在哪里？有人说是由于地震、台风、洪水等自然情况造成的。但这种自然现象的影响只是短暂的，即便是重大事件也不会产生永久性的影响。从长远发展来看，可以说主要还是由人类行为带来的世界巨大变化。

从交通的发展情况看来，现在汽车、飞机的数量在大增，速度在加快，再加上通信事业迅速发展，电话、广播、电视也日益普及，这些都为世界带来了不少变化，像这样的变化还很多很多。

从这些变化可以看出，最大的变化因素是人类的知识和科技的进步。简而言之，即科学的进步引起了世界的变化。众所周知，科学是人类创造、思维的结晶，是人们有生之年辛勤工作的点滴积累。不光科学，人类还有许多其他活动也推动着社会的发展。关键是今后的世界还要由活着的人们不断地推动向前迅速发展。

所以，我希望同学们深刻认识到，你们就是这活着的人群中的一员。如果有人说我的力量微不足道，根本不可能改变世界，所以自己除了顺应社会趋势，随波逐流，别无所能。这种想法是极端错误的。因为尽管每个人的力量是十分微薄的，但是不能否认正是这些个人不懈努力的结果，才使社会得以发展和变化。

但变化本身也多种多样，朝什么方向演变才好呢？我们应当努力设法使世界朝着光明的道路发展，而不要走向其相反方向。要下定决心为把世界逐步引向光明道路，而贡献自己微薄的力量。我们不光要有决心，更要采取实际行动。我们应当认识到这样生活才最有意义。

为了建设这个世界，应当采取什么方法贡献自己的力量呢？那当然是因人而异了，即便定下今后努力的目标，选择出适当的道路，并已开始在这条道路上前进，也不一定能够成功，或许会以失败告终。究竟成功与否，谁也无法预测，不可能先知先觉。我相信只要努力就有成功的希望，从而竭尽全力去干，这便体现了人生在世的真正价值。

人们总是说，现在的年轻人比前人现实多了。也就是说他们开始关心将来，想方设法使自己的晚年过得更加舒适。这种考虑也许是人之常情，未必是坏事。但是如果青年人一味考虑个人生活的安逸，那就太令人失望了。而且，如果他们以为未来和现实不会有多大差异，因而只是考虑眼前如何生活得更好，那就不仅是令人失望，而且是幼稚可笑了。

有些人认为："别人都考某某大学，所以我也要进某某大学。""要是能进某某公司工作，将来生活就有保障。为了能进某某公司，大概先进某某大学比较合适。"这类消极想法如果充斥青年人的头脑，前景会是什么样子呢？

在现实或将来的社会里，每一个人的问题与社会全体的问题，推而广之和全世界的问题，是绝对不能分割的。由此可以懂得前面所说的"现实主义态度"，或者用个贬义词，叫做利己主义的生活态度，乍看起来似乎稳妥可靠，实际并非如此。青年中至少应有一部分人要立志摆脱个人打算，怀着崇高的理想向前迈进。如果连这一点也做不到，那么日本也好，世界也好，便不会朝着进步的方向发展。这种结局所带来的恶果又将会反过来影响到每一个个人，给人们带来许多不幸。

拥有崇高理想并不断前进的人，即使不能获得完全成功，那么人生也是具有重大意义的。认识到人生的意义而活在世上的才是真正的有价值的现实主义生活。

59. 大城市

●齐美尔

　　大城市与小城市在精神生活上各具特色。具体地说，后者的精神生活是建立在情感和直觉的关系之上的。直觉的关系扎根于无意识的情感土壤之中，因此很容易在它习惯的平和环境中正常生长。相反，理智之所在却是我们的有意识的心灵表层，这里是我们的内心力量最有调节适应能力的层次，用不着整理和翻松就可以接受现象的变化和对立，只有保守的情感才可能会通过整理和翻松来让自己与现象调和顺理。

　　当大城市的人感到外界的压力和危险信息时，他们——当然是许许多多个性不同的人——就会建立防卫机构来对付这种压力和危险。他们不是用情感来对付这些外界环境的潮流和矛盾，而是用理智、意识的加强使他们获得精神特权的理智。因此，对那些现象的反应都被隐藏到最不敏感的、与人的心灵深处相距甚远的心理中去了。

　　这种理性可以被认为是主观生活对付大城市压力的防卫工具。它的表现丰富多彩，大城市向来就是货币经济的中心，因为经济交流的多样化和集中化，交流的媒介显得举足轻重，而农村的经济交流贫乏，所以不可能具有这种重要的意义。但是货币经济与理性的关系密不可分，对于货币经济和理性来说，对人和事物的处理的纯客观性是共同的，至于如何处理、怎样处理往往以坚决的不妥协性结合在一起。

　　崇尚理性的人对任何奇性异类均持无所谓的态度，因为一切奇形异类所产生的关系和反应是逻辑所不能解释的，正如现象的个性不会出现于货币原则中一样，因为货币所关心的只是现象的共同问题，只是将所有质量和品质与价值多少加以平均衡量的交换价值。

而人与人之间的情感则要以个性为基础，则人与人之间的支付问题上的理智关系。在跟本身无关紧要的，只是根据其可以客观衡量的劳动有利益关系的问题上的理智关系，大城市中的人与卖主和买主、与他们的仆人和可以进行社会义务交换的人之间的理智关系，则具有局限性，在局限范围内对个性的不可避免的认识同样也不可避免地产生了富有情感色彩的关系，培养并发生了客观地对付出与回报的和谐关系。

60. 真正的魅力

◉ 皮尔斯·休斯顿

女人喜欢浪漫和平共处温情，男人也是；女人需要敏感而富有想象力的情侣，男人也是；女人愿意接受爱情，男人也是；女人容易动摇，男人也是。但是，除了生物学的意义之外，男女之间还有较大的差别。

为了详尽地了解男人对女性的态度，我调查了 200 名不同年龄阶段、不同经济地位和不同种族的男人。对于"吸引你们的女性魅力是什么"的问题，他们的回答是：女性的魅力在于她的自信，感受自我的价值；举止大方得体，泰然自若；机智而灵活，善于体察男人的愿望和心理；健康的体魄；娇柔、妖媚和有吸引力。

与通常想像的标准不同，女性不必非有美的容貌和优美的身段不可。有些女性看电影或翻阅流行杂志时，看到漂亮的脸蛋和富有性感的身材决定了女人的命运，因而往往自惭形秽，产生自卑情绪，其实，这大可不必。

那么，怎样才能显示出充满女性魅力的特征呢？简单说来，就是让你的身体自然放松。你越是顺其自然，你就越能充分地显示出女性的魅力。

我所调查的男人，一次又一次地重复着这样的观点：他们并不一定喜欢相貌和身材都很出众的美人，他们更喜欢那些随着时间推移，越发体现真正魅力的完美女性。一位男性告诉我："我所寻求的是能不断完善自己的女生。我认为这是女性特征的重要因素。"

　　如果你问 *100* 个男人，"什么是女性的魅力？"他们中可能有 *99* 人会这样回答你："自信。"他们确实并不在乎女性是否非常漂亮，是不是绝代佳人。他们更喜欢那些对自我和身体感觉良好的女性。

61. 信任的感觉

◉ 戴维·威斯格特

信任是需要一个过程，一段时间的。假如你所信任的人全是奉承你的人，那你的生活将会变得空虚；假如你信任你所见到的每一个人，那你就是一个傻瓜；假如你毫不犹疑、匆匆忙忙地去信任一个人，那你就可能也会那么快地被你所信任的那个人背弃；假如你怀着利用人的心理去信任，那么随之而来的可能就是恼人的猜忌和背叛；但假如你迟迟不敢去信任一个值得你信任的人，那就永远不能获得爱的甘甜和人间的温暖，而你的一辈子也将在平淡苍白中度过。

信任是一种有生命的感觉，信任也是一种高尚的情感，信任更是一种连接人与人之间的纽带。信任别人是你的义务，除非你已发现那个人根本不配让人信任。你也有权受到别人的信任，除非他认为你不配受他信任。

62. 做自己情感的掌控者

◉ 卡斯罗尔

"他是自己情感的掌控者，由此，他获得了统治他人的伟大力量。"这是克莱登对英国国会领袖汉普登的评说。自制不仅是人格的保证，也是信誉的保证。在商场上，自制往往会赢得别人的信任。银行会支持那些能够自控的年轻人，因为他们值得信任。商人们会选择能够控制自己情绪的年轻人做为合作伙伴，因为他们相信，要想管理好别人的事物，首先必须管理好自己。一个年轻人可能在封闭无知、极度虚弱的条件下成功，但绝不会在没有自制能力的情况下成功，是自制的力量支持他一路披荆斩棘冲到了最前面。

"伯利克里是那样的冷静，站在权力和职位的巅峰依然纯洁无瑕，俨然是尊敬的'奥林匹斯山神'，"希腊著名历史学家普卢塔克说，"每当伯利克里走上讲坛之前，都会默默向神祈祷，希望不会不经意说出不恰当的词句。一个年轻人曾紧紧跟着伯利克里，不停地骂他，以至追到他家门口去高声叫嚷，伯利里克没有驱赶他，只是叫仆人拿来一盏提灯给他，让他照着亮回家休息。"

费边·迈克斯是罗马历史上的功臣，他的"费边政策"在危急时刻拯救了伟大的罗马。"费边政策"即指"一种精巧的以静制动"。当时，费边是罗马军队的司令官，被派到强大的迦太基和平谈判，经过一场并不愉快的讨论后，他站起来，对那些迦太基的贵族们说："我们之间要么是战争，要么是和平，要哪一个，你们选择吧。"当那些人告诉他，说他可以决定结果时，他愤怒地大喊："那么，战争将属于你们！"和谈宣告失败。

很快，迦太基的汉尼拔发动了大规模战争，他带领军队一鼓作气占领了西班牙，控制了意大利，并在斯瑞门湖大败罗马军队。一时间，罗马人心混乱，指责费边无能。但此时不是冲动的时候，费边稳住心神，毅然决定采取"拖延"策略，决不以软碰硬，他也因此背上了"拖延者"的丑名。当时，汉尼拔的军队洗劫了意大利最富有的南部地区，但费边没有立刻举兵前往，他知道对手正张开大网等着他往里钻。他采取了一系列技巧性的转移，避开敌网，寻找漏洞，伺机进攻。

费边带着军队在山间移动，而汉尼拔的战马在这里根本派不上用场。随后，费边巧妙地截断了敌人的供给。除正面接触外，费边还利用一切时机来扰乱敌人的部署。他对自己的计划胸有成竹，无论是谁都不能让他改变，至于人们错误地说他想拖延司令官的任期，他并不放在心上，他坚信，终有一天人们会给自己平反的。费边政策对当时的罗马人来说是全新的，所以人们还不能很快予以接受。

战争进展得很慢，这时米鲁斯领导军队取得了一个小小的胜利，于是，费边分出一半的军队给他，结果差点全军覆没，多亏费边及时出兵才解了围。一晃半年过去了，费边期满卸任，临走前，他再三叮嘱新的司令官要冷静、机智，千万不可轻易出击。但是他的警告被当成了耳边风，造成恺撒一役的惨败局面，80名老议员被处死，战死的士兵不计其数。实践让罗马人的头脑清醒过来，他们把费边请了回来，重新委以重任。费边没有因此趾高气扬，他和米鲁斯一起指挥罗马军队取得了战争的最后胜利，他们二人也被人们誉为"共和国的盾和剑"。

许多名人都写下字句来告诫人们要学会自我克制。詹姆士·博尔顿曾说："一句不加思索的话、一个未经思考的词，都可能点燃一个家庭、一个友邻或一个国家的怒火，而这样的事情又时有发生。多数的官司和对立都是因为言语而引起的。"乔治·艾哈特说："如果主妇们都能把那些她们知道无用的话关进死牢，那么她们多半的痛苦都可以避免。"

"我欣赏这样一种人，他接受了良好的教育与训练，他身体的真正主宰者是非凡的意志力。对于意志力下达的命令，他的身体都能很好地完成。他灵敏机智、条理清晰，他身体所有的机能和力量就如同机车一样，随时准备根据其精神的指令去完成任何工作，无论是编织蛛纱这样的精细活，还是打造铁锚这样的体力活。"赫胥黎说。

里奇特的话至今警示着我们，他说："如果摆在人们面前的仅仅是重大过失的诱惑，他们可能一直会很清醒，但是，每天都要防御细微的过失，人们却难免要头昏脑胀了。"

63. 一个任务

◉ 易卜生

我总在想,是什么东西一直在鼓舞着我?后来我发现鼓舞着我的,有的只是在偶然的、最顺利的时刻活跃在我的心间,那是一种伟大的、美丽的东西。我知道,它高于日常的自我,我之所以受鼓舞,是因为我要正视它,要让它与我结合,融会贯通。

但是我也曾受到过相反东西的激励,反省起来,那是我自己天性中的渣滓沉淀。在这种情形下,创作好比洗澡,洗完之后我感到更清洁、更健康、更舒畅。是的,朋友们,一个人在某些时候如果自己不是在某种程度上做过模特儿,那么,他是无法写出诗意来的。我们之中会不会存在,心里不时感到并且意识到,自己的自语与行动、意愿与责任、实践与理论之间发生矛盾的人。换句话说,我们之中有没有这样的人,他并没有,至少有的时候没有,满足于利己,却又半自觉、半好心地向他人、向自己掩饰自己的行为的人。

我的这些话最好的听众就是学生。他们能理解我这些话的意思。学生的任务实际上与诗人的任务相同:为自己,也是为他人,弄清楚他所处的那个时代和社会里所发生的短暂的和长久的问题。

对于这个问题,我可以无愧地说我在国外期间努力想做一个好学生。诗人应当生来就有远大的眼光,我远离祖国的时候,才将祖国看得那么充分,那么清楚,而又那么亲切。

亲爱的朋友们,请最后听一听我所经历过的事情。当裴立安国王不久于人世的时候，他周围的一切都垮了，使他如此伤心的原因是，他想到他所得到的只是这么一点：头脑清醒冷静的人将怀着敬佩的心情惦记着他，而他的对手们却生活下去，受到人们热情的爱戴。

　　这种思想是我许多经历的写照、归结，起因在于我孤寂时扪心自问的一个问题。今天晚上，前来看望我的挪威的朋友，以言语和行为给了我回答，这个回答比我原来想听到的更为热烈，更为清楚。我将把这个回答视为身处异地最丰硕的收获，我希望，并且我相信，我今天晚上的经验也将是我要去"经历"的经验，并展现在我的作品中。如果真是那样，如果我回国后寄回这么一本书来，那么，我请求大家在接受它的时候把它看成我对今晚会见的握手和感谢。我希望你们在赞叹它的时候，一定记住你也是这本书创作者中的一员。

64. 自由与克制

● 罗斯金

合理有益的法规和适度的克制，虽说是文明国度里的包袱，但它们毕竟不是束人手足的锁链，而是护身的盔甲，是力量的体现。请记住，正是这种克制的必要性，如同劳动的必要性一样，值得人类遵守。

那些整日将自由挂在嘴边的人，并不知道自己迂腐至极。从总体上来讲，从广义上来讲，自由并不是什么值得炫耀的东西，它不过是低级动物的一种属性而已。

事实上，无论伟人还是强者，他们都不能像水中的鱼那样享有自由。人可以有所为，又必须有所不为，而鱼却可以为所欲为。集天下之领土于一体，其总面积也抵不上半个海洋；纵使将世上所有的交通线路和运载工具都用上，也难比水中鱼凭鳍游来得方便。

只要静下心来重新想一想，你不难发现，正是这种克制，而不是自由被人类引以为荣；进而言之，即便低级动物也是如此。蝴蝶比蜜蜂自由得多，可人们却更赞赏蜜蜂，不就是因为它善于遵从自然社会的某种规则吗？因此，克制往往比自由更值得称赞。

对于自由与克制这两个抽象概念，也不可单凭抽象下结论。因为，倘若你高尚地加以选择，则二者都是好的；反之，二者都是坏的。然而，我要重申一下，在这两者之中，能显示高级动物的特性而又能改造低级动物的，还有赖于克制。而且，上自诸神的职责，下至昆虫的劳作，从星体的均衡到灰尘的引力，一切生物、事物的权力和荣耀，都归于服从而不是自由。太阳是不自由的，但秋叶却可自由飘落；人体的各部没有自由，整体却很和谐。相反，如果各部有了自由，必然导致整体的溃散。